Sibylle Berg (Hg.)

»Das war's dann wohl«

Sibylle Berg (Hg.)

»Das war's dann wohl«

Abschiedsbriefe von Männern

Deutsche Verlags-Anstalt

FSC
Mix
Produktgruppe aus vorbildlich bewirtschafteten Wäldern und anderen kontrollierten Herkünften
Zert.-Nr. GFA-COC-1262
www.fsc.org
© 1996 Forest Stewardship Council

Verlagsgruppe Random House FSC-DEU-0100
Das für dieses Buch verwendete FSC-zertifizierte Papier *EOS* liefert Salzer, St. Pölten.

1. Auflage

Koordination: Literaturagentur Hermes Baby
Gestaltung und Satz: DVA/Brigitte Müller
Gesetzt aus der Stone
Druck und Bindung: Friedrich Pustet, Regensburg
Printed in Germany
ISBN 978-3-421-04298-9

www.dva.de

Inhaltsverzeichnis

In diesem Kapitel finden Sie erstaunlicherweise Briefe von eher nicht mehr lebenden, berühmten Herren, die sich von ihrem irdischen Dasein trennten.

Zum Abschied
Ein Vorwort für Männer

Nicht gerne Abschied zu nehmen ist nicht originell. Aber originell sein zu wollen ist es auch nicht.

Sich von nichts trennen zu wollen ist eine genetisch tiefverwurzelte Geschichte, und jeder, der etwas anderes behauptet, lügt. All die armseligen Tricks, um ja kein Mensch zu sein! Da gibt es welche, die in klösterlich kargen Zellen wohnen, freiwillig, nur weil sie ihr Herz nicht an Besitz hängen möchten, der verbrennen oder vom Pfandleiher beschlagnahmt werden könnte. Stets achten sie darauf, dass all ihre Bindungen ein gewisses Maß an Tiefe nie überschreiten, damit es ihnen leichtfällt, den Hut zu nehmen. Den nehmen sie auch immer als Erste, sagen flapsig: »Man soll gehen, wenn es am Schönsten ist« und lassen Partner mit feuchten Augen zurück. Netter Versuch. Hilft nichts. Nur zu klar erkennbar ist hinter all den saloppen Bemühungen die Angst vor dem furiosen Goodbye. Hört ihr einen sagen: »Ich brauche keinen Besitz, ich brauche keine Bindungen, ich bin frei wie ein Vogel« – lacht ihn aus und geht behände eurer Wege.

Die einzige Zeit, in der wir uns gerne von Gewohntem trennen, ist die Jugend, wenn wir den Tod noch nicht erkannt haben. Mit großem Hallo verlassen wir unsere Eltern, die Schule, die heimatliche Umgebung, die Freunde, um in ein Leben aufzubrechen, das uns unendlich erscheint und von uns selber gestaltbar. Niedliche, pfeifende Jugendliche sieht man leichtfüßig mit ihren Bündeln auf dem Rücken über Auen springen und denkt sich mit der überlegenen Starrheit des Alters: »Warte nur, bald holt das Leben auch dich«.

Spätestens zehn Jahre nach der Adoleszenz bekommen die meisten von uns die Backpfeifen des ungewollten Abschiednehmens um die Ohren gehauen: der erste Job, den man verliert, ohne dass man darum gebeten hätte, die erste Flut, die das Bettchen wegschwemmt, die erste Liebe, die geht, weil sie glaubt, hinter der nächsten Ecke lauere das große Glück. So prügelt einen das Leben langsam zu Boden, und jeder normale Mensch beginnt, Abschiede zu hassen. Alle, selbst die kleinen, wenn das Kind, der Mann, die Frau verreist aus Gründen, und man steht am Bahnsteig und schweigt, und die Minuten werden zäh, und man weiß nichts zu sagen. Vögel fallen zu Boden, und man fragt sich, warum ist mir die Kehle so eng, sind doch nur drei Wochen oder Tage, eine absehbare Zeit. Wir ahnen, jeder kleine Abschied kann einer für immer werden, die Fluglotsen werden's schon richten.

Irgendwann mag man auch keine neuen Gewohnheiten mehr, selbst wenn die alten nicht brillant sind, wenigstens kennt man sie, man kennt seine Vorurteile und seinen Weg ins Büro und den Griff zur Zigarette. Die Abscheu allem gegenüber, was die Gewohnheiten bedrohen könnte, manifestiert sich, und zack, schon hebt man den rechten Arm und findet, dass früher alles besser war. Obacht geben heißt es da, dass man nicht ins Phlegma verfällt, nichts tut, was einem eigentlich verhasst ist, nur weil man Angst vor der Veränderung, Angst vor dem Ende hat. So schwer ist es, eine bekömmliche Mitte zu finden, zwischen stierem Ausharren und hektischer Umtriebigkeit.

Ständiges Sich-Verabschieden bekommt keinem Menschen. Schau dir die an, die ohne Besitz zwischen den

Welten wandern: aussteigen, aber richtig, mal in Asien, dann in Frankreich, und immer neue Freunde – hey, wie locker, und dann sind sie vierzig Jahre alt, sehen aus wie Schrumpfköpfe und knallen sich mit Drogen voll, weil der Geist des Menschen mit zu viel überspielter Trauer nicht klarkommt. Das Gegenteil von dem hockt in derselben Wohnung seit vierzig Jahren, mit demselben Menschen, den mag man zwar nicht, aber da ist ja das Kind, und das ist zu dick, aber Essen muss sein, Kauen ist doch die einzige Bewegung, die noch stattfindet.

Die Mitte, wie geht die nur?

Wir müssen uns verabschieden, so sehr wir es auch hassen. Und nichts führt daran vorbei, dass wir uns auch von uns selbst trennen müssen, von den Formen, die wir einst hatten. Die Festigkeit des Gewebes verflüchtigt sich, irgendwann bekommen wir Sitzplätze in der Straßenbahn angeboten, ob wir wollen oder nicht. Auch unserem tollen Charakter gilt es Ade zu sagen, nichts wird einen mehr so wonnig aufregen wie die Welt, als man zwanzig Jahre alt war und meinte, sie ändern zu können.

Es gibt vermutlich keine freundlichen Trennungen. Alles, was man als Abschied empfindet, ist böse. Einen Menschen oder einen Job zu verlassen, der nicht der eigenen Zusammensetzung entspricht, ist kein Abschied, sondern eine Korrektur. Das gilt nicht.

Trennung, Ende, Schluss, Abschiednehmen, »Auf Wiedersehen« sagen, den Koffer packen, das alles gehört verboten. Per Gesetz.

Der Tod zwinkert mir zu, und ich soll mich noch an neue Dinge gewöhnen, wo ich die alten noch nicht einmal begriffen habe? Ich will keine neuen Menschen kennenlernen, ich will keine neue Wohnung, weil Eigenbedarf auf meine besteht. Ich will kein neues Bein, mit dem ich laufen lernen muss, keine neuen Jahreszeiten (nämlich nur noch eine, und die heißt Regen), keine neuen Kriege, keine neuen Katastrophen. Keine neuen Zeitungen. Ich will, verdammt, dass alles so bleibt, wie es ist.

Doch vielleicht ist der Tod unser aller Belohnung. Nach unzähligen Abschieden, die unser Herz verknöchert haben, und die Haut ganz dünn, endlich ein Zustand, in dem sich nichts mehr ändert – so denken wir, um dann zu spüren, wie furchtbar es ist, von unserem Skelett Abschied zu nehmen, wenn es denn Staub wird und in die Erde sickert. Mit Contenance Abschied zu nehmen heißt: dem Tod zu zeigen, wo sein Platz ist. Und wer könnte das besser als Männer? Viele von ihnen, auch längst verstorbene, waren traurig, weil sie in dem Buch »Und ich dachte, es sei Liebe«, in dem Frauen sich verabschieden, nicht stattfinden durften. Voilà: Nun gibt es ein Buch nur für sie!

Sibylle Berg

Kapitel 1

Abschied von Zeug

»ICH WILL KEINEN HUND MEHR ODER SO«

Till Lindemann

Sibylle Berg
An Sachen festhalten

Abschied muss man immer nehmen. Jeden Tag von einem Tag seines Lebens. Von Erinnerungen, Hamstern, Sachen, Gefühlen. Wie man das übersteht, ohne traurig zu werden oder böse, ich weiß es nicht.

Kichernde Mädchenrudel und Jungs in tiefergelegten Hosen, die darin laufen, als hätte ihr Gemächt Matterhorngröße, machen klar: Das Menschsein beginnt nach dem Ende der Pubertät. Davor wird nur gewachsen. Abhängig vom Futter, von Hormonen, verwirrt von der Flut neuer, nicht einordbarer Informationen versucht der Jugendliche, sich an irgendetwas zu orientieren, das tunlichst nichts mit seinen Eltern zu tun hat. Kinder sind reizend, aber ungeeignet, wenn es darum geht, herauszufinden, was Menschen in Gut und Böse unterscheiden lässt. Interessanter wird es, wenn sich die Glieder strecken, wie das knackt, und es tut so weh: das Erkennen, dass man für alles, was nun folgt, selbst verantwortlich ist.

Zwischen 20 und 30

Da lebt der Mensch im unendlichen Moment, dem Gefühl der Unsterblichkeit. Er glaubt, er könne die Welt nach seinen Ideen formen. Und die sagen: alles anders machen! Und dann folgt die Verzweiflung. Denn da sind doch immer schon so viele Punker, Skater, Hip-Hopper, Anarchos, Faschos. Individualität ist nicht drin, ist auch egal, aber das weiß der junge Mensch noch nicht, und rührend sucht er nach dem eigenen Ausdruck – zumindest die eine Hälfte junger Mensch. Die andere Hälfte hält sich mit großen Abgrenzungsversuchen nicht auf. Sie will mitspielen, in einem Anzug untertauchen, mit Geld, Auto, Haus.

Anhäufen wollen beide Sorten – Erlebnisse oder Materielles, um ein Ich daraus zu formen. Welches der beiden Modelle einer wählt in dem Alter, das ist Glückssache. Genetik, Bewusstsein, Erziehung, Intelligenz – who knows, was einen Hamster vom anderen unterscheidet.

Gut auszuhalten sind die, die lesen und sich quälen dabei. Sie studieren Philosophen, schauen Tarkowski-Filme, und es scheint ihnen, als seien sie die Ersten, die die Welt verstünden. Der gute junge Mensch definiert sich oft über Ausschluss: über den Musikgeschmack, den Kleidungsstil, die Vorlieben und Abneigungen, um seine Position zu finden. Er ahnt, dass er nicht viel weiß und sich das nie ändern wird. Er ist unsicher, denn dazu hat er allen Grund. Das Leben ist ihm undurchsichtig, der Tod so fern, und er ist sich sicher, dass er alles besser machen wird als alle, die er um sich sieht.

Der Böse dieser Altersgruppe weiß: alles. Vor allem, dass er ein Macher ist. Und dass nur Geld zählt. Oder Berühmtsein. Er denkt in Kategorien wie Looser und Winner. Er redet mit Anfang zwanzig von seiner Karriere. Er trägt Markenkleidung, und wenn man anklopft bei ihm, ist keiner zu Hause.

Zwischen 30 und 40

Da beginnt die Zeit der Wiederholungen. Hilfreich ist es, wenn man in diesem Teil seines Lebens eine erträgliche Beschäftigung gefunden hat. Irgendetwas, das einem die Miete zahlt und nicht völlig verzweifeln lässt. Es ist das Jahrzehnt, in dem sich der Mensch einrichtet. Sein Äußeres hat er gewählt, nach aktuellem Vorbild oder in Rebellion dagegen, und seine Lebensumstände den Formen angepasst. Der Mensch wohnt irgendwo und will es später besser haben. Die Zeit des Neides beginnt. Die Zeit der Suche nach der Vervollkommnung seines Ichs, zusammengesetzt aus den Erfahrungen, die er bis dahin gemacht hat, aus Vorbildern, Fremdmeinungen und Erinnerungen, von denen er sich nicht sicher sein kann, ob sie einer Wirklichkeit entsprechen.

Wenn er GUT ist, versucht der Mensch dieser Altersgruppe, die Welt zu verändern. Einfach, weil er noch glaubt, das zu können. Er quatscht nicht von Beziehungsstress, sondern hat jemanden, zu dem er freundlich sein kann. Er macht sich wenig Gedanken um seine Zukunft, weil er sich klar darüber ist, dass er vielleicht keine hat.

Der böse Teil der Dreißig- bis Vierzigjährigen beginnt, eine Meinung zu haben. Und sie zu verkünden. Der Böse hat einen Beruf, der ihn nicht interessiert, aber gutes Geld bringt, er zieht an, was die Kollegen tragen. Er redet, wie er es in Zeitungen gelesen hat. Er lacht über Comedians, weil man das so tut, er hat seiner Sterblichkeit noch nicht für eine Sekunde Bedeutung beigemessen. Er verschwindet in Geschäftsuniformen oder in Rudeln anderer Mittdreißiger, die kreative Berufe haben, wohlhabende Eltern und eine Vorliebe für illegale Bars, Insider-Filme und Insider-Musik. Er redet in Worten, die nichts mit ihm zu tun haben. Und überlegen fühlt er sich allen. Der uninteressante Mensch lebt das Prinzip der Hoffnung. Er glaubt, dass das Leben etwas ist, das aus dem Fernseher kommt und ihm etwas schuldig ist. Etwas Großes. Irgendwie.

Da braucht es starke Nerven. Der Verfall der äußeren Formen beginnt, und wehe dem, der bis dahin noch nicht seinen Frieden mit der Vergänglichkeit gemacht hat. Was für merkwürdige Dinge Zellen anstellen können. Unfroh ist der, der das nicht akzeptieren kann. Der wird in albernen kurzen Röckchen umherlaufen, immer noch zu Raves gehen und sagen: Jugend ist eine Frage der Einstellung. Heißt: ich bin eigentlich noch genauso dumm wie mit siebzehn und versuche, meine Erscheinung dem anzupassen. Es fällt schwer, noch größere äußere Korrekturen auszuführen. Man hat Freunde, Bekannte, Kollegen, Kinder, Häuser, und Fremdsprachen zu erlernen ist kein Zuckerschlecken mehr. Jetzt noch irgendwohin zu gehen um – da was zu tun?

Im guten Fall hat man in diesem Alter tatsächlich Frieden gemacht mit der eigenen Beschränktheit. Man findet sich und die anderen niedlich, wie sie auf dem Weg ins Grab um sich beißen und schlagen. Dem Verfall begegnen sie mit leisem Achselzucken und anderen Menschen mit Aufmerksamkeit. Der angenehme Mensch freut sich an seinen noch funktionierenden Gliedern, dass er nicht friert und keinen Hunger hat, dass er ein paar Menschen hat, die ihn mögen, und nichts dieser Privilegien scheint ihm selbstverständlich.

Die Bösen haben sich zementiert in dieser Altersgruppe, und die wenigsten sind entspannt darum. Zu leicht zu bedrohen ist das Konstrukt, das sie ihr Leben nennen, und wehe, sie werden mit anderen Entwürfen konfrontiert. Sind sie im Finanzwesen tätig, werden sie Künstler und Gammler hassen, sind sie Künstler, werden sie sich verkannt fühlen. Für nicht genug beachtet halten sich die meisten und betrogen von den Versprechungen, die ihnen scheinbar gemacht wurden. Die Kinder sind nicht die Erfüllung des Lebens gewesen, die waren so wenig dankbar. Der Mensch, mit dem man lebt, ist der, der die großen Chancen verhindert hat, und aus der Verbitterung entsteht Hass auf alles, was anders scheint. Sportler hassen Nichtsportler, Muslime Ungläubige, Hausbesitzer Hausbesetzer. Hassen kann man alles, wenn man nur genug Angst hat.

Zwischen 50 und 60

Nun haben die meisten resigniert, und das nennt man im Allgemeinen Weisheit. Militante dieser Altersgruppe sind selten, oft sind die Über-Fünfzigjährigen in ihren Wohnungen verschwunden, gehen mit schweren Beinen in die letzte Arbeitsrunde. Männer und Frauen beginnen, sich in der Form zu ähneln. Dieselben Haarschnitte, dieselben Leiber, dieselben Ist-doch-egal-was-ich-anziehe-Hauptsache-es-verdeckt-den-Bauch-Kleider, dieselbe Vorliebe für klassische Musik oder Volksmusik, einfach, weil sie nicht mehr wissen, was sie hören sollen, denn die Musik der Jugend ist zu weit vom eigenen Tempo entfernt. In der Wohnung riecht es nach Putzmitteln und Seife, das Sehen und Hören fällt schwerer.

Gut ist der Mensch, der in diesem Alter noch mit Dingen beschäftigt ist, die er liebt und die er verfeinert. Er hat erkannt, dass er die Welt nicht verändern oder retten wird, ganz einfach, weil ihm dazu die nötige Geisteskrankheit fehlt. Er trägt niedliche Kleidung, hält sich rein und fällt keinem damit auf den Wecker, dass er meint, alles besser zu wissen. Er lässt junge Menschen in Ruhe ihre Fehler machen und trinkt Tee derweil.

Der böse Mensch dieser Altersgruppe schreibt Leserbriefe, empört sich über Dinge, die er nicht versteht, glaubt, allein seine Verweildauer auf der Welt berechtigt ihn zum Klugscheißern. Er tritt kleine Tiere und schnauzt Kinder an, einfach, weil denen noch mehr Zeit bleibt als ihm. Seine Gedanken scheinen ihm real, und er wiederholt sie. Seit sechzig Jahren.

Zwischen 70 und 80

Da wird gestorben. Zuerst verabschieden sich die Männer, und dann sitzen alte Damen in überfüllten Wohnungen, funktionieren weiter wie eine Platte mit Sprung, warten und weinen, denn sie wissen worauf. Jeden Monat sterben Bekannte. Da soll man noch gute Laune behalten? Wohl dem, der jetzt nicht glaubt, etwas verpasst zu haben. Wer sich über die Wahrnehmungen anderer definiert hatte, wird nun verschwinden. Denn Alte sieht man nicht in unserer Welt, sie werden nicht gehört, nicht gemocht, sie versperren die Straßen mit ihrer Langsamkeit.

Gut erscheinen diejenigen, die uns Jüngeren das Gefühl geben, es ließe sich ertragen, das Verlieren der äußeren Form. Man könnte ihm mit einem Lächeln und einem kleinen Kostüm begegnen. Die Abschied nehmen können, ohne bitter zu werden.

Böse erscheinen jene, die, ohne es zu wissen, über das Alter quatschen, das sie noch nicht erreicht haben. Denn nie wird man sich vorstellen können, wie es sein wird in zehn Jahren oder zwanzig. Oder die die Welt, basierend auf ihrer eigenen, unzuverlässigen Meinung, in Gut und Böse einteilen. Und die an Sachen festhalten, an Meinungen, Zeug und Hamstern, die schon lange gestorben sind.

Till Lindemann

Till Lindemann, geboren 1963 in Leipzig, ist Poet und Sänger der Band »Rammstein«.

Er veröffentlichte 2001 Geschichten in Sibylle Bergs Buch »Das Unerfreuliche zuerst« und 2002 das Buch »Messer«.

ABSCHIED VON EINEM GELIEBTEN TIER

UND SCHON WIEDER WEIHNACHTEN WIE SCHNELL
DIE ZEIT

WIR BRACHTEN IHN INS BADEZIMMER
ER SAH NICHT MEHR GUT AUS UND IRGENDWIE
TAT ER UNS LEID
MAN VERBRINGT JA DOCH IRGENDWIE ZEIT
MIT DER KREATUR
GEWÖHNT SICH DRAN ODER SO
BESONDERS DIE KINDER
ICH VERSUCHTE ZU TRÖSTEN SAGTE ER IST HALT ALT
ODER SO
WIR LEGTEN IHN IN DIE BADEWANNE UND
ICH LIESS ETWAS WASSER EIN
DIE TOCHTER FING AN ZU WEINEN
ICH VERSUCHTE ZU TRÖSTEN SAGTE ER MAG DOCH
WASSER ODER SO
DIE FRAU SCHÜTTELTE DEN KOPF UND MEINTE
ICH SOLLE ES ENDLICH ZU ENDE BRINGEN
DAS TIER QUÄLT SICH
SIE HÄTTE NICHT DEN GANZEN TAG ZEIT
DAS SILBER SOLL GEPUTZT SEIN UND DER SCHMUTZLI
KOMME AUCH BALD
SCHLIESSLICH MUSS DAS ALLES

ICH HOLTE EINEN FLEISCHKLOPFER BEIDE KINDER
        HEULTEN AN
ICH VERSUCHTE ZU TRÖSTEN SAGTE ES WÄRE BESSER
        FÜR IHN ODER SO
ICH SCHLUG EINMAL ZU KLANG WIE WODKA AUF EIS
KEIN BLUT VIEL GEZAPPEL ICH SCHNITT ALSO
        VOM ARSCH BIS ZUM HALS
RISS ALLES RAUS
EINE RIESENSAUEREI EIN ZUCKEN UND GEGURGEL
DIE KINDER SCHRIEN UND DANN PLÖTZLICH
        RUHE
ES WAR VORBEI EIN SCHLUCHZEN UND
        DIE ZWEI KÜCHENROLLEN
ICH HÄNGTE DEN AUSBLUTER AUF
DER REST WAR ROUTINE
SCHON BEIM VATER ZUGEGUCKT
AUCH DIE FRAU KANNTE SICH AUS
BEIM ESSEN DANN DOCH WORTE UND SO
DER JUNGE SAGTE ES SCHMECKE IHM UND ER WÄRE
        NICHT MEHR TRAURIG
DIE TOCHTER LÄCHELTE VERWEINTE DICKE BACKEN
        UND SCHMATZEN
DIE FRAU STREICHELTE BEIDEN DIE KÖPFE
ICH HING SO MEINEN GEDANKEN NACH
ICH WILL KEINEN HUND MEHR ODER SO

*

Tom Kummer

Tom Kummer arbeitete viele Jahre als Reporter und Hollywood-Korrespondent, unter anderem für die Zeitschrift »Tempo« und ab 1993 für das Magazin der »Süddeutschen Zeitung«. Im Frühjahr 2000 löste er einen Medienskandal aus, als bekannt wurde, dass er mehrere Interviews mit Prominenten grob gefälscht beziehungsweise frei erfunden hatte. Tom Kummer lebt und arbeitet heute als Autor und Tennis-Trainer mit seiner Familie in Los Angeles. 2007 sind von ihm die Bücher »Blow up. Die Story meines Lebens« und »Kleiner Knut ganz groß« erschienen.

In seinen hier abgedruckten Briefen verabschiedet sich Tom Kummer von Ulf Poschardt, damals Chefredakteur des SZ-Magazins, dem infolge der Affäre um den sogenannten »Borderline«-Journalismus gekündigt wurde, als herauskam, dass er die getürkten Interviews eingefordert und wissentlich publiziert hatte. Heute ist Ulf Poschardt Chefredakteur der deutschen »Vanity Fair«.

An
Ulf Poschardt
Chefredaktion SZ-Magazin
München – Germany

Lieber Ulf,

wieso sagst du mir nicht einfach die Wahrheit?
Was ist los in Deutschland? Seid ihr alle »high«?
Wieso redest du plötzlich von »Verachtung für
das journalistische Ethos«?
Und wieso diese plötzliche Panik in München?
Bitte ruf mich an!

Tom Kummer, Los Angeles, 24. April 2000

Hi Ulf,

ich muss gestehen, zu keinem Zeitpunkt war mir bewusst, dass mit meinem Stück »The Philosophy of Ivana Trump« nicht nur dein Ruf gefährdet wird, sondern auch der der »Süddeutschen Zeitung« und damit verbunden die Reputation aller involvierten Kollegen. Dein Sidekick Christian Kämmerling macht mal wieder auf Drama und redet von einem »Anschlag auf die Pressefreiheit«. (In was für einer Realität lebt der eigentlich ...)

Klar, vielleicht bin ich im Umfeld der Unterhaltungsindustrie ein bisschen abgehoben, und wenn ich meinen journalistischen Beitrag am Celebrity-Kult irgendwann mal als Konzeptkunst bezeichnet habe, dann war das natürlich bloß eine blöde Ausrede gegenüber »Spiegel«-Journalisten. Was soll ich denen sonst sagen? (Und wenn mich der »Spiegel« nochmals um ein Interview bittet und du mir bis dann nicht erklärst, was ich jetzt tun soll, dann werde ich denen einfach sagen: Implosion des Realen oder irgend so einen Kunstkritikerscheiß.) Aber was erwartest du jetzt von mir? Du weißt doch genauso gut wie ich, dass es längst keine Stars mehr gibt, nur noch Promis und Fame-Junkies. Und damit will ich echt nichts zu tun haben. Und die Faktenhuberei überlasse ich den Buchhaltern.

Meine Interviews sollten dem alten Mythos »Star« nochmals ein Denkmal setzen. Das war doch eindeutig klar, oder? Muss ich dir das wirklich nochmals erklären? Ich habe dir tausendmal gesagt, dass mich diese Pressejunkets ankotzen und dass ich daraus was anderes machen will. Was gaaanz anderes! Warum erklärst du das nicht einfach deinen Leuten?

It's all about entertainment and you know it!
Herzlich,

Tom

Los Angeles, 26. April 2000

Hi Ulf,

ich hab' gestern dreimal versucht, dich telefonisch zu erreichen. Früher war es umgekehrt – als du noch scharf warst auf meinen Stoff. Jetzt schweigst du. Wieso plötzlich diese Heuchelei? Was soll das? Und wenn der »Spiegel« so tut, als ob ich das alles als so eine Art Medienterrorismus geplant hätte, dann liegen die falsch.

Ich will einfach frei schreiben.

Auch wenn dich meine Erklärungen jetzt wenig interessieren, muss ich sie hier kurz vortragen. Wenn du mir in deinem Kündigungsschreiben von letzter Woche vorwirfst, dass ich die Ethik des Entertainment-Journalismus verachte, dann kann ich nur antworten: Damn right! And I like it! Aber das sollte dir eigentlich schon seit »Good Morning Los Angeles« bekannt sein. Dein Freund Claudius Seidl hat dort ein Nachwort geschrieben. Da steht alles drin, welche Sorte Journalismus ich betreibe und was ich von dieser schlimmsten aller Gattungen halte: Star-Interviews.

Wieso jetzt dieser Verweis auf meine Verachtung für das journalistische Ethos. Nachdem du satte neunzehn Interviews von mir druckst, auf die Titelblätter setzt, mich mit Lobeshymnen feierst und nie nach Tonbändern oder Autorisierungen gefragt hast.

Was soll der Scheiß?

Jetzt so zu tun, als ob du von mir getäuscht worden wärst, dass ich eine Freundschaft missbraucht hätte und »kriminell« sei, ist wirklich unter deinem Niveau.

Mag ja sein, dass ich es mit dem Sarkasmus – ohne den man hier in Hardbodyland nicht überleben kann – auf die Spitze getrieben habe. Na und? Meine Veröffentlichungen belegen doch, dass dieser Stil über die vergangenen Jahre meistens geschätzt und gefördert wurde.

Wieso jetzt dieser Abschied?

Als Freund möchte ich dir versichern: Ich wollte für gute, smarte Unterhaltung sorgen. Nie bestand die Absicht, dich oder den Ruf der »Süddeutschen Zeitung« zu gefährden.

Mir ist natürlich schon klar, was jetzt kommt: Schreibverbot. Mafiamäßig. Vom Hochhaus gestoßen. Wer hat nicht alles mit mir zusammengearbeitet: Matthias (Landwehr), Markus (Peichl), Claudius (Seidl), Andreas (Lebert), Roger (Koeppel), Moritz (von Uslar), Florian (Illies) usw.

Dass es so weit gekommen ist, lässt mich jetzt nur noch mit der Hoffnung zurück:

MAY THE FORCE BE WITH ME!

Tom

Los Angeles, 28. April 2000

Wiglaf Droste

Wiglaf Droste, 1961 in Herford geboren, ist Deutschlands bestaussehender Schriftsteller und Sänger. Gemeinsam mit dem Stuttgarter Meisterkoch Vincent Klink gibt Droste seit 1999 die vierteljährlich erscheinende kulinarische Kampfschrift »Häuptling Eigener Herd« heraus. Als Sänger nimmt er mit dem »Spardosen-Terzett« CDs auf und begibt sich auf ausgedehnte Konzert- und Lesereisen. Er schreibt Beiträge für Zeitungen und ist Autor zahlreicher Bücher. Für seine Arbeit wurde Droste 2003 mit dem Ben Witter-Preis und 2005 mit dem Annette von Droste-Hülshoff-Preis ausgezeichnet.

Den Alltag teilen? Och nö

Wer war es? Wer brachte die Idee zur Welt, Männer und Frauen sollten gemeinsam den Alltag teilen? Wer ventilierte diesen Krampf? Namentlich ist der Verbrecher nicht mehr dingfest zu machen, aber das Zeug ist in der Welt, hartnäckig und unausrottbar: gemeinsam den Alltag teilen. Und immer schön die Treuepunkte und die Rabattmarken sammeln.

Dabei hört sich das ja nicht einmal gut an. Den Alltag teilen – das klingt schon so faszinierend wie eine Rolle Haushaltspapier oder eine randvolle Kinderwindel. Es gibt aber Frauen, die ein ganz besonderes Glitzern in den Augen bekommen, wenn sie die fieseste aller Dealerformeln ausraunen: Gemeinsam den Alltag teilen … komm, der erste Tag ist umsonst …

Was ist da los? Wird Personal gesucht? Ein Hausmeister? Ein Kerl fürs Lästige, der einem etwas in Ödnis und Überlastung geratenen Damenleben den Popo abputzt? Und sich auch brav um die zuvor mit anderen Herren angefertigten Kinderchen kümmert? Zwar wurden diese Herren inzwischen wieder abgeschafft beziehungsweise nahmen sie längst Reißaus, ihre Hinterlassenschaften aber sind noch da. Dafür wird der Alltagteiler benötigt. Der nützliche Idiot ist eine Standardfigur strategisch operierender Kommunisten; Frauen haben dieses sympathische Menschenbild aber auch im Arsenal. Es ist schließlich so praktisch, sich einen handzahmen Allzweckfredie anzuschaffen, der sich den eher unangenehmen Daseinsaspekten widmet und sich ein Leben überstülpen lässt, das nicht seins ist und das er nie haben wollte. Am besten nimmt die kühl kalkulierende Dame sich einen von der Sorte doof, aber dankbar. Die gehen am besten und halten auch schön lange, mit denen kann man astrein den Alltag teilen respektive den Lebensklumpatsch an ihnen abstreifen. Was so ein zurechtpädagogisierter und psychisch eins a zugerichteter Muttiverlustangstheini ist, macht quasi alles mit. Dem kann man sogar noch ins Gesicht sagen, dass es heutzutage ja so schwer ist, gutes Personal zu bekommen. Der lässt sich auch noch loben, wenn er fein das Stöckchen geholt hat. Gemeinsam den Alltag teilen ist der Euphemismus dafür, die Banalitäten des Lebens im Trotteltrott breitzutreten. Man kann dann auch sehr schön »meines Erachtens« sagen, sich immer wieder dieselben Geschichten erzählen, sie aber auch beim siebzigsten Aufguss noch »hochinteressant« finden. Und sich regelmäßig darüber wundern und am besten noch beschweren, wie grau und lahm und fade das Leben ist. Schuld ist selbstverständlich der Heinz, den man sich zum Alltagteilen herangeholt hat und mit dem man im Lebensmatsch herumsitzt. Der ist dann eben doch nicht so prickelnd.

Ich kann nicht behaupten, die Kunst des Lebens zu beherrschen; möglicherweise besteht sie darin, die gemeinhin Alltag genannten, eher vulgären Lebenskomposita so klein wie möglich zu halten, sie leicht und spielerisch zu handhaben und die freie Sicht auf den großen, magischen Lebenskontinent nicht zu verlieren. Das ebenso unsittliche wie faszinationsarme Angebot aber, einen gemeinsamen Alltag teilen zu sollen, ist eine heimtückische Offerte. Sie souverän auszuschlagen vergrößert in jedem Fall die Glücksaussichten.

Meer und Rettich
Abschiedslied, leise nach dem Sushi zu singen

Aus tosendem weißen Meer rett ich
Dich, meine schöne Gabi.

Doch was nimmst Du ängstlich, ja panisch
So grüne Farbe jetzt an?

O Gabi! Sakes! Wasabi
Dir denn nur angetan?

*

Raphael Gygax

Raphael Gygax ist Kurator und Kunstkritiker und lebt in Zürich. Seit 2003 arbeitet er am migros museum für gegenwartskunst, Zürich, wo er unter anderem folgende Ausstellungen kuratiert hat: Cory Arcangel (2005), Gabriela Fridriksdottir (2006), Spartacus Chetwynd (2007) und Christoph Schlingensief (2007). Er schreibt regelmäßig für die Kunstzeitschriften »contemporary magazine« und »tema celeste«.

»Es ist jetzt nun schon eine Weile her – ein bisschen mehr als zwanzig Jahre. Ich war also noch sehr klein, die Welt in Ordnung, der Verlust war noch nicht eingetreten, kein Abschied hatte stattgefunden – und das Hirn war folglich noch sehr leicht(gläubig). Nachdem ich den Film ›Doctor Doolittle‹ (1967) gesehen hatte, setzte sich der Gedanke in meinem Hirn fest, dass Tiere sich auf jeden Fall mögen und miteinander kommunizieren könnten – eigentlich ein hübscher Gedanke. Eines Abends waren Bekannte bei meinen Eltern zu Besuch, und die hatten einen Dackel. Tiere fand ich zu diesem Zeitpunkt noch sehr aufregend, ich hatte selber ein Meerschweinchen namens Molly. Und so war die logischste Konsequenz für mich, dass sich die beiden kennenlernen sollten – eine Freundschaft fürs Leben sollte daraus entstehen. Doch, welch Wunder, es sollte anders kommen, Molly sollte drei Tage später an inneren Blutungen sterben. Auch von außen sah das Tier nicht mehr so flauschig aus wie zuvor. Und obwohl es dann noch drei Tage bis zu seinem Ableben gedauert hat – nachdem der Hund das arme kleine Ding einige Male angefallen hatte, waren meine Eltern bestürzt in mein Zimmer gekommen und hatten den Hund abgeführt –, war da irgendwie nicht genug Zeit, sich zu verabschieden. Also kam dieses Textdokument zustande, das ich aus heutiger Perspektive auch nicht mehr verstehe, an das ich mich allerdings sofort erinnert habe, als ich vom Thema dieses Buches hörte. Klar, andere Menschen müssen in jungen Jahren von wichtigeren Dingen Abschied nehmen – Eltern, Geschwister,

Haus und Erbe –, und bei mir war's nun mal ein kleines Meerschweinchen namens Molly. Mein erster Abschied.

PS: Nach dem Meerschweinchen folgten: Wüstenspringmaus (Schwanz ab – Unfall), Goldfische (Überdosis Sauerstoff – Unfall), Hamster (Lungenentzündung – Unfall).«

Thomas F.

»Mein Vater war ein Quartalssäufer und Schläger, die Mutter damit beschäftigt, anderen Männern zu gefallen. Meine Schwester war während meiner Pubertät Ende der siebziger, Anfang der achtziger Jahre mein einziger Halt.«

16. November 2007

Gestern ist das Foto gekommen, mit der Post. Die letzte Aufnahme vor deinem Schulabgang, 10. Klasse, ihr seid alle sechzehn, zweiunddreißig Jungen und Mädchen. Das Foto ist alt, aber ich habe dich sofort entdeckt, vorn, in der ersten Reihe, ich musste dich nicht suchen. Schlank bist du, gutgebaut, und deine Brüste spießen den Stoff des Anoraks. Ich hatte kaum was in Erinnerung von dir. Nur die hohen Wangenknochen und das schwere schwarze Haar, das war da. Ich sehe dich jetzt, und ich weiß, es ist nicht vorbei, obwohl ich die ganze Zeit über gedacht hatte, es wäre nie was gewesen.

Aber da waren die Nächte, die durchwachten Nächte. Nächte wie Wahnbilder. Ich saß im Bett, aufrecht, bebte und schluckte und betrachtete dich, wie du dalagst, gegenüber, in deinem Bett, und schliefst. Dein Bett war weich und weiß und außer von dir von niemandem benutzt. Die Gardinen am Fenster waren zugezogen. Quer über dem Bett lagst du da, ruhig, die Decke beiseite geschoben. So schliefst du immer, in deinen blauen, gelben und grünen Negligés, und jeden Augenblick dachte ich, es wäre so weit. Dann wartete ich wieder, nächtelang, dass du mich zu dir rufen würdest, und schlug mit dem Kopf gegen die Wand, damit ich nicht einschliefe, damit ich den Augenblick nicht verpasse. So viele Nächte. Weißt du noch? Du sahst aus, als würdest du schlafen. Hast du geschlafen?

Jetzt bist du wieder da, auf dem Foto, nach so vielen Jahren. Du guckst, als hätten sie dich gezwungen, dich da hinzustellen, unwirsch, wie zum Heulen zumute. Als gehörtest du da nicht hin, zwischen all die anderen, die wie Fremde um dich rum sind, als fehlte dir die andere Hälfte von dir, in diesem Moment, in allen Momenten. Du bist wie ich. Verloren.

Jetzt weiß ich, warum. Ich weiß jetzt, dass du es bist, die ich die Jahre über wiederzufinden versucht habe, in jeder Frau, die mir begegnet ist, so viele Frauen. Seit damals, seit ich dich zum letzten Mal gesehen habe. Ich wollte dich nicht wiedersehen, nie mehr, und will es immer noch nicht, diese Bilder, diese Qual, dieser Verlust. Die Männer, die du hattest und von denen ich annahm, sie wären dir näher als ich. Waren sie es? Ich habe es lange nicht gewusst. Geahnt vielleicht, das ja, aber ich dachte, mir macht das alles nichts aus. Als wäre es nicht da, aber es war da, immer.

Ich weiß nicht, wo du jetzt bist und was du tust. Keiner weiß es. Ich sollte es wissen. Aber ich will es nicht wissen. Obwohl ich dein Bruder bin, dein jüngerer Bruder. Wann war das? Wann habe ich begonnen, wie ein Mann zu riechen, scharf und pelzig? Hast du es bemerkt? Wolltest du es bemerken? Ich weiß es. Spät war es, sehr spät. Fast zu spät.

Papa fällt mir ein. Du bist sein Abbild, haben alle gesagt, heißblütig, melancholisch, und alle haben sie dich bewundert. Mich hat niemand bewundert, ich bin nach Mama gekommen. Denke ich an Papa, habe ich keine Angst. Sie kommt, sobald ich an Mama denke und an dich. Ich frage mich, wie es passieren konnte, dass Papa Mama geheiratet hat. Wie es passieren konnte, dass er plötzlich weg war, ich war vier, und du warst neun. Weg, für immer, warum. Dass du später geheiratet hast, weg, für immer, warum.

Weißt du noch, wie Mama ausgesehen hat? Ich nicht. Nur dass sie immer weiße Unterwäsche getragen hat und bunte Kleider, daran erinnere ich mich. Vielleicht hatte Papa das an ihr mehr als alles auf der Welt geliebt. Bloß habe ich es als Kind nicht so gesehen, und wenn ich es damals so gesehen hätte, vielleicht hätte ich sie so geliebt, wie Papa sie geliebt hat.

Ich habe den Klang deiner Stimme vergessen und wie mir war, wenn du wütend auf mich warst. Du warst meist wütend auf mich. Nicht vergessen habe ich, wie du unten aussahst. Anders als Mama, die brünett war. Der Geruch, der an der Schläfe sitzt. Lange bist du geruchlos für mich gewesen. Dann bist du zum ersten Mal wütend auf mich gewesen. Wie schnell das alles ging. Ich kann den Geruch nicht vergessen, trocken ist er gewesen und warm. Der Geruch der Begierde, dein Geruch.

Wie viele Frauen hatte ich, als ich das letzte Mal in Rio war? Dreizehn? Dreiundzwanzig? Vierzehn sind es gewesen. Vierzehn bin ich gewesen, als es so weit sein sollte mit dir und mir, so hatte ich es mir vorgestellt, zum ersten Mal. Zum letzten Mal, kurz bevor ich ins Internat kam, mit sechzehn, und du geheiratet hast, mit einundzwanzig, schnell, überraschend, auf einmal, diesen – ich weiß nicht, habe ihn nie gesehen – diesen anderen Mann. Das letzte Mal, dass wir zusammen waren, in unserem Zimmer in Mamas Wohnung, das wir sechzehn Jahre lang bewohnt haben. Ich habe es nicht vergessen. Aber ich will es nicht wissen.

Die Bilder sind da. Damals, als ich sie zum ersten Mal gesehen hatte, war auch der Geruch da gewesen, und dann war die Angst gekommen. Zum ersten Mal habe ich gespürt, wie das ist, Glücksgefühle zu haben und die Angst, dass sie vergehen könnten, und dass das Verlangen, sie festzuhalten, mich einsam machen würde. Die Bilder sind da, der Geruch. Alles ist da. Auch die Angst. Aber ich mag bunte Kleider, weiße Wäsche und Frauen, die unten dunkel aussehen.

Ein Mädchen, das ich gekannt habe, am Schluss unserer Zeit. Ein Mädchen mit schönen Lippen. Ich hatte ein Foto von ihr bei mir, zusammen mit einem Foto von dir. Sie hatte mich mit zu sich nach Hause genommen, nachmittags, nach der Schule, wir waren allein. Sie hatte geduscht, und ich saß da, bebte und schluckte, und sie sah mich an. Große runde Augen hatte sie, schwarzes Haar und einen melancholischen Blick.

Sie lehnte den Kopf an meine Schulter. Ich spürte die Wärme, die zwischen ihren Beinen war, atmete an ihrer Schläfe, und als ihre Eltern kamen, gingen wir weg. Die Abendluft war kalt, der Himmel klar. Ich hatte den Arm um sie gelegt, und wir waren mehrmals stehengeblieben. Immer wieder hatte ich gehofft, dass sie mich küssen würde, zuletzt beim Orion, das einzige Sternbild, das ich kannte, weil es einen Krieger darstellt, und wie ein Krieger wollte ich sein. Aber es kam nicht dazu, und danach traf sie sich nicht mehr mit mir.

Manchmal stand ich abends unter ihren Fenstern und starrte rauf. Sie wohnte oben, im sechsten Stock, und ich stand unten und starrte rauf. Dann klingelte ich, und sie steckte den Kopf raus, und ich sagte nichts. Sie sah mich unten stehen und wie ich starrte, und dann machte sie das Fenster wieder zu. Mutig war ich damals, nie wieder war ich so mutig. Es war wegen der Angst. Es war deinetwegen, und wenn das Mädchen nicht die Lippen gehabt hätte, das Haar und den Blick, ich hätte mich nie auf sie eingelassen.

Dann hatte ich genug Mädchen, und du warst schon lange bei dem anderen Mann. Auf einmal hatte ich genug Mädchen, und ich konnte nichts dagegen tun. Ich schlief mit ihnen, einmal, und dann nicht wieder, und auch dagegen konnte ich nichts tun. Es ist leicht gewesen. Hinterher ist es immer leicht gewesen. Aber um ein Haar wäre es jedes Mal schiefgegangen. Ich denke daran, wie gut es war, wenn es so weit war, und wie gut, wenn es dann vorbei war. Wie hattest du mich gleich immer genannt? Ich weiß es, aber ich will es nicht wissen.

Ein Jahr ist es her, dass ich versucht habe, mich an dich zu erinnern. Das war, als ich nachts aufwachte, nass vom eigenen Schweiß und Urin, und mir war, als hätte ich geweint. Die eigene Nässe und dass sie raus war, wie gut das getan hat.

Ich weiß, an welchem Tag du Geburtstag hast. Ich weiß auch, wie das Zimmer ausgesehen hat, in dem wir zusammen gewohnt haben, zwei Betten, ein Schrank, eine Frisierkommode. Aber es ist mir nicht gelungen, dein Gesicht aus der Erinnerung zu holen. Ich wollte, dass es hübsch war. Anders hätte ich es nicht ertragen können. Aber dein Klassenkamerad schien mir nicht das sagen zu können, was ich hören wollte. Wissen Sie, es ist schon so lange her, so redete er. Ich hatte ihn angerufen, seinen Namen hatte ich von einer Liste im Internet, seine Nummer aus dem Telefonbuch.

Er sagte, er weiß nicht, was mit dir ist. Er sagte, ihr habt euch aus den Augen verloren, so ist das eben. Wie warst du, fragte ich ihn. Zurückhaltend, sagte er, wie eine Festung, uneinnehmbar. Ist das wahr? Warst du so? So wie zu Hause? Er sagte, dass letztes Jahr Klassentreffen war, aber du warst nicht da, du hast dich schon immer aus allem rausgehalten. Siehst du, du bist wie ich. Du ziehst dich zurück.

Ich fragte ihn, ob du keinen Freund in der Klasse gehabt hattest. Einen, mit dem du gegangen, in den du verliebt warst. Er sagte wieder, dass es schon so lange her ist. Und dann kam das Foto, gestern, mit der Post.

Manches der siebzehn anderen Mädchengesichter darauf mag für andere interessanter sein als deines, einprägsamer. Für mich nicht. Einmal hattest du einen Jungen mit nach Hause gebracht, nachts, als Mama bei einem ihrer Liebhaber war, nahmst ihn mit in Mamas Schlafzimmer, und ich kriegte alles mit, wirklich alles. Ich will dich nicht wiedersehen. Träfe ich dich je wieder, ich hätte nur eine Frage: Ob du gewusst oder gespürt hast, was ich wollte, und ob du es vielleicht auch gewollt hast. Ob wir vielleicht zusammengekommen wären.

Und noch die: Ob wir hätten zusammenleben können, später, du und ich, Kinder haben, heiraten, heimlich, offen. In jener Nacht, bevor ich dann schweiß- und urindurchtränkt aufgewacht war, träumte ich, dass du die Frau bist, die ich am besten kenne, am längsten, sechzehn Jahre, so viel Zeit. Ich weiß, dass das nicht gegangen wäre. Du hättest es nicht gewollt, hättest es nicht wollen dürfen. Du bist meine Schwester, älter. Was hätten Oma und Opa dazu gesagt? Was Mama, was Tante Edeltraud und Onkel Klaus?

Weißt du nicht mehr? Ich war raus aus dem Internat, und du schriebst mir, ich soll dich besuchen, abends, bei dir zu Hause, wenn dein Mann Nachtdienst hat. Du wusstest, ich würde nicht kommen, wenn er da wäre. Ich bin dennoch nicht gekommen. Weil ich nicht wusste, wie du reagieren würdest, sollte ich versuchen, was ich noch immer wollte. Weil ich nicht wusste, wie ich reagieren würde, solltest du dich verweigern. An Geschrei dachte ich, an Mord und Polizei. Manchmal bin ich abends zu dem Haus gefahren, in dem du wohntest, du und dein Mann, und er hatte jedes Mal Nachtdienst, das wusste ich aus deinen Briefen. Habe unten gestanden, unter euren Fenstern, ihr wohntet im sechsten Stock, und ich stand unten und starrte rauf. Ich klingelte und trat aus dem Licht der Straßenlaternen in die Dunkelheit, und du öffnetest das Fenster und gucktest raus. Du sahst niemanden, und dann machtest du das Fenster wieder zu.

Die Abnäher am Anorak, Mama hat sie reingemacht, nicht wahr? Sollten sie deine Brüste betonen oder verdecken? Sie hat immer solche Ideen gehabt, und wir beide waren viel zu viel allein. Vielleicht bist du inzwischen anders geworden. Ertragen könnte ich es nicht. Kein Wiedersehen, besser so. Ich denke an dich, so wie nie zuvor, mit Zärtlichkeit. Ich habe dich nicht halten können. In jener Nacht vor einem Jahr war es so, als wenn du in dem Moment bei mir wärst, in meinem Bett, und dann wachte ich auf von meinem eigenen Schrei und von der Nässe, starrte in die Finsternis, suchte dein Gesicht. Jetzt ist es da, auf dem Foto. Von nun an wirst du etwas sein für mich, das wie das Foto ist. Eine Erinnerung.

*

Peter E.

»Mein Abschiedsbrief ist ausnahmsweise mal nicht an eine ›verflossene‹ Liebschaft aus dem zwischenmenschlichen Bereich adressiert, sondern an eine tote Katze und an alle, die sie kannten, und auch an alle, die sie nicht kannten und mittels dieses Briefes kennenlernen sollen.«

23. März 2007

Abschiedsbrief an eine Katze oder Reden wir mal über Moritz

Einen Nachruf über Katzen zu schreiben ist fast schwerer als einen über Menschen. Menschen kannte man. Sie waren kommunikativ in einer Weise, die Katzen nie sein können – was nicht ihr Fehler ist und was auch nicht ein Fehler sein muss.

Menschen. Mit ihnen kann man reden. Man kennt ihre Gewohnheiten und ihre Unsitten. Man kann sie darauf ansprechen. Katzen auf ihre Unsitten anzusprechen – nun ja, versuchen kann man das zumindest. Es wird halt nichts dabei herauskommen.

Um beim Thema zu bleiben: Sprechen wir mal über Moritz. Er kam erstmals in unser Bewusstsein, als wir auf dem frischgekauften Hof eine Scheune umbauten. Unser Nachbar half uns dabei, schwere Balken zu bewegen. Plötzlich miaute ein kleines, verdrecktes, schwarzweißes Wesen im Dunkeln. Unser Nachbar begrüßte das Fellbündel mit einem »Ja, was suchst du denn hier?« und kraulte den Kater am Hals. Es war einer seiner zahlreichen Hofkater. Von jetzt an durften wir uns auch nähern und kraulen. Er hieß Moritz und wurde vom Nachbarn mit Futter versorgt, ließen wir uns sagen.

Trotzdem kam Moritz fast jeden Tag auf unseren Hof, legte sich auf unserer Hausbank in die Sonne, ließ sich füttern, murrte nie, ließ nur ab und zu ein heiseres, krächzendes Etwas ertönen, das wohl seine Stimme sein sollte. Nein, »miau« konnte er nun wirklich nicht sagen. Es klang wie eine Mischung aus Nebelkrähe und Ziege.

Moritz war ein richtiger Landkater. Ein Läufer. Ein Einzelgänger. Ein Philosoph. Seine Pfoten waren meistens gelb vom Stallmist. Als Lager wählte er entweder unser Heu im Pferdestall oder die Scheune unseres Nachbarn. Mit der Zeit kam er immer öfter. Zeitweise war er jeden Tag präsent, wälzte sich in der Sonne, hielt dem Tierarzt, der ihm eine Anti-Katzenschnupfenspritze gab, ganz willig den Nacken hin, wehrte sich nicht gegen Wurmkuren, die meine Frau und ich ihm eingaben, lag ganz ruhig da, während ich ihm mit einer Spezialbürste das struppige Fell durchkämmte. Kinder, die bei uns zu Besuch waren, konnten ihn auf den Arm nehmen, mit ihm schmusen, mit ihm scherzen. Moritz war die friedlichste und freundlichste Katze der Welt.

Freilich, mit der Hygiene nahm er es nicht so genau. Immer, wenn er zu uns kam, hatte er, wie gesagt, knallgelbe Pfoten, meist Spinnweben zwischen den Ohren und Eiter um die Augen. Letzteres kam vom Katzenschnupfen, den er nie wieder loswurde. Auch der Tierarzt wusste da keinen Rat mehr. Moritz schniefte und schnupfte und keuchte.

Und wenn es ihm passte, verschwand er für ein paar Tage. Manchmal fanden wir ihn unter einer Hecke am Straßenrand, wo er – selig schnurrend – die Sonne anlächelte. Dann wieder mitten auf unserem Reitplatz, weil er den Sand so richtig warm und wohlig fand. Moritz und seine erträumten Ferien am Mittelmeer …

Wenn wir am Hof etwas arbeiteten, war Moritz immer zu unseren Füßen – wie ein kleiner Hund folgte er uns überallhin. Für die größte Überraschung sorgte er, als er sich eine Freundin holte und mit ihr in einer lauen Vorsommernacht vier kleine Katzenkinder zeugte, die das Mütterlein »Cheetah« in unserem Pferdeheulager zur Welt brachte. Am 13. Mai 2006 entdeckten wir die Winzlinge. Leider überlebten nur zwei: Jedi und Yoda tauften wir die Nachkommen von Moritz und Cheetah. Anders als viele

Kater kümmerte sich Moritz um die Kleinen, sah immer wieder mal nach, wie es ihnen ging, schleckte sie sogar ab – sofern ihn die eifrig aufpassende Mutter heranließ.

Moritz war nie aggressiv. Nur ein einziges Mal sahen wir ihn kämpfen, als ein fremder Kater in unseren Pferdestall eindrang, wo wir inzwischen auch die Nachwuchskatzen in einer Box untergebracht hatten. Es war ein blutiger Kampf, und Moritz hatte neben den obligatorischen gelben Pfoten und den immer vertränten und verklebten Augen auch eine tiefe Bisswunde am Hals. Aber den fremden Kater haben wir seitdem nie wieder gesehen.

Moritz war lieb. Er wartete brav, bis die beiden kleinen Katzen – seine Kinder – gefressen hatten und begnügte sich mit dem Rest, der übrigblieb. Er war ein Leichtgewicht. Wenn man Moritz aufhob, glaubte man, ein Daunenkissen in den Händen zu halten. Und er war pflegeleicht. Die zahlreichen Zecken, die wir aus seinem Hals oder sonst wo entfernten, waren leicht weggezwackt. Er murrte nicht, er jammerte nicht, er ließ alles geschehen.

Er liebte die Sonne, wie alle Katzen. Er sog sie förmlich in sich auf. Und begrüßte uns – in seiner Sonnenempfangshaltung auf der Bank – immer mit einem fröhlichen, heiseren Krächzen. Moritz war unauffällig. Er war einfach da. Dann nicht da. Dann wieder da. Er mochte unsere Pferde, und unsere Pferde mochten ihn. Er liebte seine Kinder, ließ sie an ihm spielen und rupfen und zupfen und regte sich nicht dabei. Moritz war ein Ausnahmekater. Ein Einsiedler. Er hatte sein eigenes Leben, und er lebte es auch auf seine Weise. Als der Nachbar einen neuen Hund bekam, der alles jagte, was Füße hatte, packte Moritz sein Bündel aus Eigensinn und Fell und kam ganz zu uns. Manchmal ging er zurück zum Nachbarn, ließ sich das Futter schmecken, kehrte aber stets zurück.

Und dabei passierte er immer eine schmale asphaltierte Straße, die eigentlich wenig befahren ist. Aber die wenigen Leute, die sie befahren, befahren sie schnell. Weil sie schnell zur Arbeit müssen. Weil sie schnell nach Hause wollen. Weil schnelles Fahren einfach schöner ist.

Und das war nicht die Philosophie von Moritz, dessen Lebensgeschwindigkeit nicht der von gestressten und gehetzten Möchtegernmanagern angepasst war. Für ihn war jede Bewegung zu viel oder zu schnell. Und so – zumindest denken wir dies im Nachhinein – dürfte ihm die Geschwindigkeit der Autoraser zum Verhängnis geworden sein.

Wir fanden die Leiche von Moritz am 27. Februar gegen Mittag exakt in der Mitte der schmalen Straße, die zwischen uns und unserem Nachbarn liegt. Entweder war er gerade auf dem Weg von uns zum eigentlichen Heimathof oder umgekehrt und dabei von einem Auto erwischt worden. Er hatte die Augen geöffnet. Der Körper war leicht aufgebläht. Niemand kümmerte sich um ihn. Etliche Autos fuhren vorbei. Wir haben Moritz in unserem Garten beerdigt, weil wir meinen, dass jedem Lebewesen eine Beerdigung zusteht. Es war nicht leicht, die noch nicht starre Katze in die nasse Erde zu legen – ausgerechnet an diesem Tag regnete es in Strömen. Das Gefühl, einen geliebten Körper – und sei es »nur« eine Katze – in dreckige Erde legen zu müssen – für immer –, war nicht sonderlich gut.

Dennoch haben wir es getan, und die Erinnerung daran schmerzt heute noch.

Mach's gut, Moritz. Wir haben dich gemocht. Wir wünschen, dass es eine Welt gibt, die auch Katzen nach dem Tode aufnimmt. Gerade du hättest dies verdient.

Peter

Jens K.

»Dieser Brief ging an einen Freund, der im Juli 2006 nicht nur sein Studium, sondern gleich alle Zelte in Berlin abbrach, um in die Zisterzienserabtei Stift Heiligenkreuz in Österreich zu gehen. Wir kannten uns noch gar nicht so lange – ich glaube, es sind mittlerweile drei Jahre –, aber irgendwie hat es von Beginn an gepasst, wir liegen in ziemlich vielen Dingen auf einer Wellenlänge. Seit er weg ist, schreiben wir uns in unregelmäßigen Abständen Briefe; dieser hier war aber bis heute der letzte… als hätte ich es gewusst. Das ist aber auch in Ordnung, weil ich weiß, ihm geht es gut und er denkt ab und an ebenso an mich wie ich an ihn.«

Im Oktober 2006

Lieber Christian!

Vielen Dank für Deinen lieben Brief und die Münze! Gut zu wissen, dass es die für mich bestimmte ist. Ferner – endlich kann ich dieses Wort einmal verwenden, ohne dass es fehl am Platze wirkt – ist es eine Wohltat zu lesen, dass sich alles so wundervoll fügt bei Dir! Und was für eine detailgetreue Zeichnung der Mitra… sogar aus verschiedenen Perspektiven.

Was studierst Du denn an der Philologisch-Theologischen Hochschule?

Und wie oft gehst Du dahin? Oder ist sie direkt im Kloster? Musst Du Hausarbeiten schreiben? Und wenn Du erst Kandidat werden musst, was bist Du dann derzeit? Hast Du Dich in Deinem Zimmer schon eingerichtet? Die Aussicht braucht sicher keine Eingewöhnung – der kleine Bach, der Wald vor dem Fenster.

Wenn es mir in den letzten Tagen zu voll oder zu stickig, zu unverständlich oder eng unter den Menschen wurde, tat der Gedanke an Dich und die Ruhe, den Frieden und die Ausgeglichenheit Deiner neuen Heimat mir sehr wohl. Gleich einer Salbe, die man auf eine Wunde tut, um die schädlichen Einflüsse abzuhalten, legt sich dann der Gedanke an das Glück und die neue Liebe in Deinem Leben wie ein wohltuender Mantel um die grauen Gedanken. Und ohnehin brennt in mir seit unserem Abschied das Feuer der Gewissheit, dass es zu erreichen ist, dieses Glück, wonach die Menschen streben. Trotzdem – ist es vermessen dies zu sagen? – wünschte ich mir, Du hättest all das Glück und den Frieden hier finden können. Denn ich muss feststellen, dass »aus den Augen, aus dem Sinn« tatsächlich nur allzu oft stimmt, und es ist mir gar nicht recht, einer solchen Floskel Wahrheit zuzusprechen.

Wir winken uns noch, und vielleicht winken wir uns noch für eine Weile zu, aber trotzdem möchte ich die Möglichkeit nicht verstreichen lassen, Dir zu sagen, wie dankbar ich bin, dass wir uns getroffen haben! Den kurzen Weg, den wir zusammen gegangen sind, habe ich unendlich genossen, Du hast mein Leben um viele Horizonte erweitert, die für immer hell leuchten werden! Und ich hoffe, das wird noch lange so bleiben.

Genug der philosophischen Anwandlungen. Reden wir über meinen Stuhl!

Fest. Ich mache seit zwei Tagen eine Diät. Kein Koffein, kein Fleisch, keine Kuhprodukte, keinen Zucker, keine Kohlenhydrate und kein Alkohol. Was bleibt ist Reis, Fisch, Ziegenkäse, Gemüse, grüner Tee und Honig. Hört sich mager an, sieht so aus und schmeckt auch so! Soll aber gut fürs System sein, und die Freundin, die es mir empfahl, sah nach zwei Wochen wirklich aufgeräumter aus. Ich will's also versuchen. Wie schwer das ist, musste ich gestern Abend erfahren, als ich mir Milch in meinen Tee gegossen habe und, bevor ich wusste, was ich tat, die Tasse austrank. Erst später fiel mir ein, dass Milch ja aus der Kuh kommt – für mich als Städter kam sie immer schon aus einem Tetrapack.

Ansonsten habe ich drei Hausarbeiten fertiggeschrieben und am Montag den jeweiligen Professoren überreicht. Ein tolles Gefühl: Da gibt man mit dem Papier, das man überreicht, auch gleich den Stress und die Disziplin weiter. Soll der schlaue Doktor-Doktor sich doch damit abplacken. Eine muss ich noch schreiben, aber die schaffe ich locker. Thema: die amerikanische Groteske. Da kann ich ein weiteres Mal mit einer Analyse von Edgar Allan Poe glänzen, und fertig ist's.

So, der Herr, das soll's erst mal von mir gewesen sein. Die Weltlichen in Berlin stellen sich auf das Wochenende ein: schnell noch ein bisschen Wurst, am besten Gammelfleisch-Lyoner, und Butter bei Lidl einholen, beim Dealer um die Ecke noch drei Gramm und 'ne Peppe [Speed], damit die Augen immer schön offenbleiben, und zu Hause angekommen, das Brot vergessen. Also noch mal los, dann kann man auch gleich noch mal ins Solarium, damit man nicht so blass ist wie die Lyoner. Zurechtgemacht in der 80er-Röhrenjeans, natürlich mit Nietengürtel und dem Secondhand-Nylon-Shirt mit ach-so-fetzigem Logoprint, sieht man aus wie eine Leberwurst. Das sagt einem dann aber keiner. Zusammen lacht man über den »Gesichtsgulasch« an der Bar oder regt sich über die Sülze auf, die einem von dem Typen ins Ohr geblökt wird, dem man gerade seine Peppe verkauft hat. Der hat auch einen schönen Teint und hat das Brot im Sonnentempel liegenlassen, weil er zuvor vergessen hatte,

Peppen beim Dealer zu kaufen. Da beißt sich das Leben in den Schwanz, und keiner merkt es, weil alle damit beschäftigt sind, sich durch ihre Schwänze am Leben zu fühlen. Und wie zum Beweis nimmt die Lyoner Leberwurst aus Mitte die Sülze mit nach Hause und erzählt ihren trendigen Freundinnen beim Brunch am nächsten Tag, was für einen großen Schwanz der hatte. Alle lachen und fühlen sich jung und begehrt und bestellen noch einen Latte macchiato.

Ich sitze am Nebentisch und mache mir Notizen und trinke grünen Tee, weil Milch ja aus der Kuh kommt.

Jens

*

Tobias S.

»Vor sechs Jahren, 2001, entstand dieser Brief. Er wurde abgeschickt und fand seinen Adressaten. Aber wirklich geschrieben wurde er nie.«

Von: mir, Tobias S.
An: mich, Tobias S. (Sportler)

Du!

Ab heute werde ich dich wieder ausschließlich duzen. Sportsfreund oder Partner werde ich dich nicht mehr nennen. Du glaubst, in dieser Wortwahl gäbe es keine Unterschiede? Oh, da irrst du. Nur das Du zeigt die innere Verbundenheit. Kollegen und Freunde sind in einem Stadium miteinander verbunden, das kein Anrecht auf Zeitlosigkeit hat.

Du! Wir kennen uns ewig. Wobei für dich die Ewigkeit stets etwas war, was es erst zu realisieren galt, die große Liebe, das Haus auf dem eigenen Sockel oder, du willst es nicht hören, das Gewinnen von Pokalen. Ja, du glaubst, die Blechschalen auf deinen Regalen, die eine aus zehn Metern erkennbare Staubschicht tragen, haben für dich nicht diesen Stellenwert?!

Du hast trainiert und trainiert, geübt und immer wieder geübt, du bist gelaufen, Kilometer um Kilometer, in der Hoffnung zu gewinnen. Und du hast gewonnen, wirst du sagen, aber hast du tatsächlich gewonnen? Für was?

Niemand will den Staub von den Deckeln der Pokale streichen, die Leute fragen nach den Büchern, die in deinen Regalen warten, und nicht nach Namen oder Platzierungen. Dir war es wichtig, den Erfolg im Hier und Jetzt zu verankern. Und heute sind deine Beine müde, die Oberschenkelmuskeln erschlafft, der Wille zu trainieren überwunden. Weil du die Fahnenstange erreicht hast.

Die Erfolge haben sich eingestellt, und du hast erkannt, dass die Chance, sich zu verbessern, gegen Null tendiert. Du trittst auf der Stelle, würde dein Trainer sagen, dem du schon lange nicht mehr zuhörst. Du warst stets auf der Suche nach einer neuen Herausforderung, die dich in den Bann ziehen und begeistern sollte. Eine verpasste oder besser verpatzte Chance wurde durch eine neue Sportart, ein neues Hobby, eine neue Möglichkeit ersetzt. Du hast dich vom Traum, erfolgreich zu sein, verabschiedet.

Und eine Chance gefunden. Du bist so oft gesprungen. Der Grund, warum ich dir ausgerechnet vor diesem Sprung schreibe, ist schnell erklärt. Weil ich glaube, es ist der Richtige, du hast es gefunden. Du wirst wieder in Wettbewerbe gehen, um Preisgelder und Ehrungen kämpfen, Mitstreiter suchen und finden, dich über einen nicht gelungenen Platz auf dem Treppchen wochenlang ärgern, aber dieses Mal ist es anders. Denn all dies ist sekundär. Du hast etwas gefunden, für das du dich wirklich begeistern kannst, was dich fördert und fordert. Nur in deinen Gedanken musst du laufen und Gewichte stemmen, aber dort mehr als jemals zuvor. Du wirst einen Ehrgeiz entwickeln, in einer dir bisher ungekannten Dominanz, weil buchstäblich jedes Wort für dich Gewicht haben wird. Aber der Krampf in dir wird weichen, sich auflösen. Du schaffst etwas, was die Bedeutung von Siegen und Pokalen übertrifft. Weil es deine Meinung, deine Empfindung, deine Gefühle sind. Also verabschiede dich von dem Wahn, der Beste aus der Sicht der anderen sein zu wollen, verabschiede dich von deiner angestrebten Sportlerkarriere, verabschiede dich von der Subjektivität. Für die Kreativität.

*

Friedrich Dürrenmatt

Friedrich Dürrenmatt wurde am 5. Januar 1921 in Konolfingen, einem Schweizer Dorf im Kanton Bern, geboren. Er gilt heute als einer der bedeutendsten Dramatiker und Autoren des 20. Jahrhunderts. Zu seinen bekanntesten Werken gehören die Theaterstücke »Der Besuch der alten Dame« und »Die Physiker« oder Kriminalromane wie der »Der Richter und sein Henker« und »Der Verdacht«. Auch das Treatment zu dem Film »Es geschah am hellichten Tag« (1958), das den Roman »Das Versprechen« variiert, stammt von ihm. Am 14. Dezember 1990 starb Friedrich Dürrenmatt in Neuenburg.

Viele Jahre seines Lebens war der Schriftsteller mit seinem Schweizer Kollegen Max Frisch befreundet, doch im Alter wurde die Rivalität zwischen den beiden dominant. In einem Brief vier Jahre vor seinem Tod unterzog Dürrenmatt die zerbröckelnde Freundschaft einer Analyse. Max Frisch starb vier Monate nach Dürrenmatt, am 4. April 1991; auf dessen Brief hatte er nicht mehr geantwortet.

Neuenburg, 11. Mai 1986

Lieber Max,

es war für dich einst ein Problem, dass ich zehn Jahre jünger bin als du. Das spielt jetzt keine Rolle. Unserer beider Rutschbahnen, im Nichts endend, die wir noch hinunterzuschlittern haben, ist ungefähr gleich lang. Wenn wir schon beide ältere Herren geworden sind, eine Tatsache die, dass sie einmal eintreten könnte, ich nie ins Auge gefasst habe, so weiß ich nicht, ob wir einander kondolieren oder gratulieren sollen. Wie es auch sei, wir haben uns beide wacker auseinanderbefreundet. Ich habe dich in vielem bewundert, du hast mich in vielem verwundert, und verwundet haben wir uns auch gegenseitig. Jedem seine Narben. Diese Zeilen schreibe ich nicht ohne Nostalgie. Ich habe mich nie sonderlich um die Schriftstellerei unserer Zeit gekümmert, du bist seinerzeit einer der wenigen gewesen, die mich beschäftigt haben – ernsthaft beschäftigt wohl der Einzige. Als einer, der so entschlossen wie du seinen Fall zur Welt macht, bist du mir, der ebenso hartnäckig die Welt zu seinem Fall macht, stets als Korrektur meines Schreibens vorgekommen. Dass wir uns auseinanderbewegen mussten, war wohl vorgezeichnet, ohne dass ich damit eine literaturgeschichtliche Prädestinationslehre aufstellen möchte.

Dein Dürrenmatt

Robert Schneider

Robert Schneider wurde 1961 als uneheliches Kind in Bregenz geboren und mit zwei Jahren von österreichischen Bergbauern adoptiert. Sein Erstlingswerk »Schlafes Bruder« wurde 1992 über Nacht zum Bestseller. Der Roman, in 24 Sprachen übersetzt, diente als Vorlage für eine Oper, ein Ballett und den Film von Josef Vilsmaier, der 1996 für den Golden Globe nominiert war. Schneider gewann zahlreiche Literaturpreise und veröffentlichte zuletzt das Buch »Die Offenbarung« (2007). Heute lebt der Schriftsteller in seinem Heimatdorf Meschach, wo er sonntags die Kirchenorgel spielt.

In seinem Brief an C. rät er der Freundin, sich vom Zorn und der Wut auf die eigene Mutter zu verabschieden.

Im Dezember 2002

Liebe C.,

für deinen Brief, den ich erst jetzt beantworten kann, danke ich warm. Nein, ich war nicht im Ausland oder »sehr beschäftigt«, wie du vermutest. Ich war und bin in meiner Landschaft und halte es gut mit mir aus und bin sehr bei mir daheim. Dein langes Schreiben hat mich betroffen gemacht. Du weißt, wie kostbar du mir bist. Erst jetzt ahne ich, wie sehr du noch immer an der »alten, dunklen Sache« leidest. Ja, mir scheint, dass der Hass auf deine Mutter bald kein Maß mehr kennt.

Es ist seltsam, wie du es anstellst, diese Frau in einem Licht zu zeichnen, dass einen bald selbst der Ekel ankommt, ohne dass man das Gefühl hätte, du suchtest einen Komplizen. Jemanden, der sich mit dir empört. Natürlich glaube ich dir jede dieser demütigenden Begebenheiten aus Gegenwart und Kindertagen aufs Wort, und dennoch kann ich deine Mutter nicht »monströs« finden oder gar von »hinterhältigem Verstand«. Es macht mich auch nicht einsichtiger, wenn du mit dem – verzeih! – strapazierten Argument kommst, dass es unter Frauen »eben feinere Mechanismen« gebe. Nein, ich erlebe B. als eine noch immer etwas naive, aber auch sehr ratlose ältere Dame. Ich mag B. sehr. Ich höre dich einwenden, und dein schönes Gesicht rötet sich im Zorn, dass es ja schließlich nicht meine Mutter sei. Das ist wahr. Eure Lebensgeschichte ist nicht die meine.

Aber auch in meinem Bewusstsein gibt es die unauslöschlichen Sätze der Mutter. Bei mir lauten sie: »Wie bereue ich, dich adoptiert zu haben!« und »In einer Anstalt wärst du besser aufgehoben«. Das sind Sätze, die gewiss einmal wehgetan haben, sonst wären sie vergangen. Im Übrigen wiederholen sich diese Sätze, wenn ich mir nicht selbst auf der Spur bleibe, obwohl die Mutter schon lange tot ist. Sie kehren wieder, in anderen, völlig unerwarteten Zusammenhängen, mit anderen Bedeutungen, und der älteste Schmerz ist plötzlich wieder da. Aber da ist immer auch der Geruch des Haars meiner Mutter und das herrliche Wohlbefinden, wenn sie mit mir einen Deutschaufsatz formuliert hat.

Worauf ich hinauswill? Kann ich dich ermutigen, und sei es nur für jetzt, einmal alle Gründe für dein gegenwärtiges Unglücklichsein außer Acht zu lassen? Ist es dir möglich, einmal alle Konzepte für die vermeintliche »Lebensuntüchtigkeit« zu vertagen? Dass du dich im Krankenhaus vertauscht glaubst, weil du so gar nichts mit der Mutter noch sonst irgendwem in der Familie gemein hast. Dass du mehr ein Junge sein wolltest denn ein Mädchen. Dass du dich immer wieder verraten fühltest, am schmerzlichsten, als sich ein Freund deines Vaters an dir verging und B. dir noch »blühende Fantasie« unterstellte. Dass B. dein schauspielerisches Talent nicht entdeckt und später zu spät gefördert hat. Dass du schließlich gezwungen wurdest, einen Beruf zu wählen, den du nicht wolltest.

Wie ist das? Alle Schuldzuweisung aufzugeben, alles Beweisbare, Erhärtete, mit eigenen und fremden Augen Gesehene, am eigenen Körper Erfahrene nicht mehr zu berühren, nicht mehr zu wiederholen, die eigene Rechtsprechung zu verlieren. Wie ist das? Das ist Ohnmacht. Ich kann hier nicht weiterschreiben, liebe C., ohne von mir zu berichten. Denn welche Autorität hätte ich sonst, dir das zuzumuten, wenn ich nicht von meiner eigenen Ohnmachtserfahrung erzählte?

Du erinnerst dich, wie schmerzlich ich in K. verliebt war. Nie hat ein Mensch mein Herz so tief und existenziell berührt. Dreieinhalb Jahre lang meinte ich, mein Glück hinge nur von ihrem Ja ab, von ihrer Gegenliebe. Für sie – es sind ihre eigenen Worte – war es eine Affäre, durchaus in dem Wunsch, mich lieben zu können. Sie beendete damals gerade ihr Studium der Rechtswissenschaften in Philadelphia, und ich dachte, sie angenehm zu überraschen, wenn ich bei ihrer Promotion als Überraschungsgast auftauchen würde. Die Überraschung war ich allerdings mir selber, wie sich herausstellen sollte.

Als ich nämlich in der Nähe ihrer Wohnung ein Hotelzimmer bezogen hatte – Conshohocken! Diesen unglaublich hässlichen Stadtteil, der von zig Autobahnen umtost wird, werde ich nie mehr vergessen –, als ich den Telefonhörer in die Hand nahm, um K. die Nachricht von meiner Ankunft mitzuteilen, vernahm ich nur ihr Band.

Ich besprach es, und ich weiß noch genau, wie meine Stimme zitterte, hinterließ also meine Nummer, setzte mich auf das noch unberührte Bett und wartete.

Es dunkelte allmählich ein. Es war ein regnerischer Frühlingsabend. Ich hatte Hunger, aber gleichzeitig Angst, ihren Anruf zu versäumen. Also saß ich und wartete. Ich weiß nicht mehr, wie lange ich so auf dem Bett gesessen und die zugezogenen Vorhänge angestarrt habe. Jedenfalls, der Anruf kam nicht. Als es finster wurde und ich das Licht anmachte und wie betäubt auf und ab ging, eine Zigarette nach der anderen rauchte und noch immer kein Klingeln die Einsamkeit meines Zimmers durchbrochen hatte, beschloss ich, in ein Taxi zu steigen und die Adresse meiner Sehnsucht aufzusuchen. Ich läutete an der Tür. K. öffnete und machte mir sogleich die bittersten Vorwürfe. Sie war überhaupt nicht angetan, so und auf diese Weise von mir überfallen zu sein. Ich kam gar nicht mehr dazu, darauf hinzuweisen, dass ich eigens aus Europa und nur für diesen, ihren großen Tag...

Noch nie habe ich mich so ohnmächtig gefühlt wie vor K.s Tür. Mir wurde buchstäblich Nacht vor den Augen, und ich meinte, wirklich ohnmächtig zu werden. Ich besaß nichts mehr, in dem ich mich hätte verbergen können: keine Worte, kein Lächeln, keine Trauer, keine Wut, keinen Schuldigen, keinen Namen. Ich hatte nichts mehr außer mich selbst. Und das genügte nicht.

Also ging ich in mein Hotel zurück, oder ich trieb vielmehr dahin, denn ich weiß noch, dass ich auf dem Weg dorthin meine Schuhe verloren hatte. Erst im Zimmer vermochte ich dann endlich zu weinen. Ich saß wieder auf meinem Bett und ahnte plötzlich, dass es nicht meine Aufgabe gewesen war, K. zu besuchen, sondern dass ich nach Philadelphia hatte fahren müssen, um mir selbst zu begegnen, meiner ältesten Wunde: dem Gefühl des Ungeliebtseins. Es war die dunkelste Ohnmachtserfahrung meines Lebens, und ich rechne es K. heute noch hoch an, dass sie mich – vielleicht auch nur aus purer Hilflosigkeit – nicht angerufen und auch nicht durch falschen Trost getröstet hat. Sie hatte nämlich ein unglaubliches Talent, mir nichts zu ersparen.

Ich habe diese Ohnmachtserfahrungen noch oft gemacht. Meine Freunde schüttelten den Kopf und waren ratlos. Noch einige Male bin ich nach Philadelphia und dann nach New York gereist, wo K. jetzt lebt. Anfänglich noch immer in der Hoffnung, ihre Liebe zu gewinnen, schließlich, um herauszufinden, was diese Liebe in mir ausgelöst hat. Und darauf bin ich stolz: Ich habe mich aus meiner wohligen Höhle hinausgewagt in die Nacht und nach dem Stern gegriffen, der mir am hellsten leuchtete. Ich habe ihn nicht bekommen. Aber ich habe es versucht. Ich habe aufs Neue und abermals aufs Neue Zeugnis von mir abgelegt und habe zu dieser Liebe gestanden. Ich habe mich riskiert.

Ohnmachtserfahrungen gibt es so zahlreiche, wie es Menschen gibt auf der Welt. Es sind ungeheuerliche Dunkelheiten, darin die Hoffnung ohne Sinn wird, das Leben sinnlos, nämlich lose von dem Sinn, den wir ihm geben möchten. Es sind Erlebnisse äußerster Vereinsamung. Es sind vollkommen rechtlose Seelenzustände, wo nicht einmal mehr gut und böse oder richtig und falsch wohnt. Aber eines weiß ich seit meiner ganz privaten Ohnmachtsnacht: Als es mir gelang, diese Nacht durchzuwachen, sie zu bestehen, die unerfüllte Hoffnung auszutrauern, ohne in Fatalismus oder Zynismus zu versinken, als mir das gelang, ging ich ungleich reicher und wissender in den Tag.

Das ist es, liebe C., was ich dir zumuten möchte: deine Mutter nicht zu entschuldigen, sie aber aus der Verantwortung für deinen eigenen Schmerz zu entbinden. Es wird ein langer, quälender Weg sein mit vielen Um- und Rückwegen. Aber ich glaube – anders kann ich es nicht nennen –, ich glaube, dass du diese Reise bestehen wirst, heim zu dir.

Dein R

*

Thomas K.

»Dieser Abschiedsbrief geht an mein Auto, das mir jahrelang gute und treue Dienste geleistet hat.«

19. März 2007

Im Internet entdeckte ich Dich nachts. Rief am Morgen an, ein Interessent hatte sich schon am Nachmittag angekündigt, ich musste also schneller sein. Habe meinen Chef angefleht, mich eher gehen zu lassen, abgehetzt und glücklich Dich dann ausprobiert.

Weil ich Deinem Vorbesitzer so sympathisch war, überließ er Dich mir und nahm in Kauf, dass die voller Vorfreude angereiste Familie ihn beschimpfte.

Mein Vorgänger hat Dich zum Transport genutzt, ich, um mich mächtiger zu fühlen. Mit einer Zahnbürste habe ich Dir zu altem Glanz verholfen. Die Narben, die zurückblieben, gaben Dir Deinen Charakter. Sie waren hauptsächlich innen.

Du hast mein Ego in Ordnung gebracht, als ich beruflich hängenblieb und mich anders geben wollte. War gleich verliebt, meinen Verstand brauchte ich nicht, um zu schwärmen. An Dir habe ich mich festgehalten, Dir gern bewundernd im Parkhaus hinterhergesehen.

Es kam vor, dass wir bei Regen nicht aufbrachen, um Dich weiterhin funkeln zu lassen. Den Sitz so hoch, damit ich aus Dir gucken konnte, auf der Ladefläche kuschelnd eingeschlafen. Weg von ihr mit meinen Möbeln und den Fahrrädern auf dem Dach.

Mitfahrgelegenheit und Taxi zwischen B. und M., habe nette Ladys dabei kennengelernt. Du warst stets zurückhaltend und elegant. Öfter gab es bewundernde Blicke und Komplimente für Deine einladende Bequemlichkeit.

Du hast mir auch viel verziehen. Das Aufsetzen auf holpriger Fahrbahn, die Flecken auf den Polstern und meine Unfähigkeit zu schalten.

Es hätte bestimmt ewig so weitergehen können. Wir betraten neue Wege in einer ungewohnten Umgebung. Irgendwann war das mit den Parklücken und Deinem enormen Durst zu viel. Immer öfter sah ich hinter mich, und wir waren beide nicht mehr ausgefüllt. Du bist ein treuer Begleiter für eine Familie und nicht für einen größenwahnsinnigen Putzkranken. Ich vermisse den Respekt, der mir dank Deiner zuteil wurde.

Keiner konnte Schränke und das Band-Zubehör so gut in sich aufnehmen. Habe Dich völlig in Ordnung weggegeben, um klein, wendig und sparsam sein zu können. Warst prächtig, auch ohne Brillanten, auf eine nette Adresse habe ich Wert gelegt, ohne tiefere Zahlenbedeutung.

Schwärmen werde ich wohl immer von Dir, Du warst mein kostbarster Besitz. Ich hoffe, niemand war so heißblütig und aufmerksam zu Dir wie ich.

Vergiss mich nicht, ich hoffe, Dir geht's gut.

Ich vermisse Dich.

Oskar Lafontaine

Oskar Lafontaine, geboren 1943 in Saarlouis-Roden, lange Jahre Ministerpräsident des Saarlandes, war von 1995 bis 1999 Vorsitzender der SPD und 1990 Kanzlerkandidat. Den SPD-internen Machtkampf im Vorfeld der Bundestagswahl 1998 verlor er gegen Gerhard Schröder. Nach dem Wahlsieg übernahm er den Posten des Finanzministers, legte ihn aber bereits im März 1999 zusammen mit allen anderen politischen Ämtern nieder. Erst 2005 kehrte er als Fraktionsvorsitzender der »Linkspartei« auf die politische Bühne zurück.

Drei Tage nach seiner Demission 1999 machte er auf Nachfragen »schlechtes Mannschaftsspiel« für den spektakulären Rücktritt verantwortlich. In seiner im Oktober 1999 erschienenen Autobiografie »Mein Herz schlägt links« schrieb er von einer grundsätzlichen Differenz im Politikstil zwischen sich und Schröder. Der hier abgedruckte Brief vom 11. März 1999, in dem sich Lafontaine offiziell vom Amt des Bundesfinanzministers verabschiedete, könnte kürzer nicht sein.

Sehr geehrter Herr Bundeskanzler,

hiermit trete ich von meinem Amt als Bundesminister der Finanzen zurück.

Mit freundlichen Grüßen

Oskar Lafontaine

Franz Müntefering

Franz Müntefering, 1940 in Neheim geboren, trat 1966 in die SPD ein. 1975 wurde er erstmals als Abgeordneter in den Deutschen Bundestag gewählt. Im Kabinett der Regierung Schröder wirkte er von 1998 bis 1999 als Bundesminister für Verkehr, Bau- und Wohnungswesen. Zwischen 2004 und 2005 war er Bundesvorsitzender der SPD und von 2005 bis 2007 Bundesminister für Arbeit und Soziales im Kabinett der großen Koalition sowie als Vizekanzler auch Stellvertreter von Bundeskanzlerin Angela Merkel.

Am 13. November 2007 kündigte Franz Müntefering aus privaten Gründen seinen Rücktritt von sämtlichen politischen Ämtern an. Die Entscheidung, für seine an Krebs erkrankte Frau da sein zu wollen und die entsprechenden Konsequenzen zu ziehen, hat Franz Müntefering auch den Respekt der politischen Gegner eingebracht. Im folgenden Brief erklärt er seinen Parteifreunden den Abschied von seinen Ämtern.

Berlin, 13. November 2007

Liebe Genossinnen und Genossen,

ich werde in der kommenden Woche aus meinem Amt als Bundesminister ausscheiden. Diese Entscheidung hat ausschließlich private, persönliche Gründe; die Krankheit meiner Frau hatte in den letzten zwei/drei Wochen plötzlich eine weitere schwierige Operation erforderlich gemacht. Ich bedanke mich bei allen, die Ankepetra Genesungswünsche geschickt haben und die mir geholfen haben, die Situation zu meistern. Aber jetzt, in der Phase einer langen Reha, ist meine Hauptaufgabe zu Hause, und das lässt sich nicht verantwortlich kombinieren mit der Leitung eines Bundesministeriums. Ich bin sicher, ihr versteht das.

Ich bleibe – vorerst mit begrenztem Einsatz – Mitglied des Deutschen Bundestages; vielleicht wächst ja in 2008 die Kraft doch wieder für eine intensivere Abgeordnetentätigkeit.

Dies ist also kein Abschied und kein Ausstieg. Ich hoffe, wir sehen uns alle bald mal wieder.

Die sozialdemokratische Idee der Aufklärung und der Emanzipation, der Gleichheit, Gerechtigkeit und Nachhaltigkeit, des Fortschritts und der Zukunftsfähigkeit wird gebraucht. Vor allem werden Genossinnen und Genossen gebraucht, die daraus praktische Politik machen. Die wollen, dass es besser wird, im Großen wie im Kleinen.

Also ran; es gibt viel zu tun!
Glück auf!

Euer Franz Müntefering

*

Jürgen E. Schrempp

Jürgen Erich Schrempp, geboren 1944, ist der Firma Mercedes in besonderer Weise verbunden. Beim Stuttgarter Automobilkonzern lernte er sein Handwerk und stieg dort vom Lehrling zum Vorstandsvorsitzenden auf. Von Mai 1995 bis Dezember 2005 stand er an der Spitze des Unternehmens, das unter seiner Führung die mittlerweile schon wieder aufgelöste Fusion zu DaimlerChrysler vollzog.

Am 28. Juli 2005 gab Schrempp überraschend seinen Abschied als Vorstandsvorsitzender zum 31. Dezember 2005 bekannt. Schrempp hatte sich mit seiner Vision eines weltumspannenden Konzerns letztlich nicht durchsetzen können, er lag sowohl mit der Führungsriege als auch mit den Aktionären im Clinch – so erhielt er dann auch weder eine Abfindung noch einen Posten im Aufsichtsrat. Einen solchen hat Jürgen Schrempp heute unter anderem bei der Allianz SE und bei Vodafone.

Im folgenden Brief verabschiedete er sich bei den Mitarbeiterinnen und Mitarbeitern von DaimlerChrysler.

28. Juli 2005

Liebe Mitarbeiterinnen, liebe Mitarbeiter,

ich möchte mich persönlich an Sie wenden, weil es mir ein Anliegen ist, Sie so schnell wie möglich über die heutige Entscheidung zu informieren:

Nach über 44-jähriger Firmenzugehörigkeit werde ich zum 31. Dezember DaimlerChrysler verlassen. In dieser Zeit habe ich unter anderem zwei Gesellschaften unseres Unternehmens in Südafrika und den USA sowie den Nutzfahrzeugvertrieb geleitet. Danach folgten 17 Jahre als Vorstandsvorsitzender, von 1988 bis 1995 bei der Daimler-Benz Aerospace und seit 1995 bei Daimler-Benz bzw. DaimlerChrysler.

In den letzten Jahren hat unser Unternehmen sehr viel erreicht; das gibt mir großes Vertrauen in die Zukunft von DaimlerChrysler. Wir haben gezeigt, dass wir fähig sind, allen Herausforderungen mit einer Entschlossenheit und Professionalität zu begegnen, die in der Automobilindustrie einzigartig sind. Unser Fokus auf das globale Automobilgeschäft ist nun klar definiert. Durch unser Marken- und Produktportfolio sowie die Präsenz in mehr als 200 Ländern sind wir einzigartig aufgestellt. Die Konzernergebnisse verbessern sich stetig, und wir sind auf dem besten Wege, die Ziele, die unter meinem Vorstandsvorsitz gesetzt wurden, zu erreichen.

Angesichts der positiven Entwicklung waren der Aufsichtsrat der DaimlerChrysler AG und ich uns einig, dass Ende 2005 der optimale Zeitpunkt für einen Wechsel in der Führung des Unternehmens gekommen ist. Darüber hinaus habe ich vollstes Vertrauen, dass mein Nachfolger Dieter Zetsche zusammen mit dem hervorragenden Team im Vorstand von DaimlerChrysler weiter auf diesem soliden Fundament aufbauen wird.

Bis zu meinem endgültigen Abschied ist es noch eine Weile hin. Bis dahin wünsche ich Ihnen persönlich alles Gute und danke Ihnen aufrichtig dafür, dass Sie mit Ihrer Arbeit dazu beigetragen haben, unser Unternehmen zum Erfolg zu führen. Ich verlasse DaimlerChrysler deshalb mit einem guten Gefühl und großer Zuversicht in die Zukunft dieses großartigen und einmaligen Unternehmens.

Ihr Jürgen E. Schrempp

*

Robert Stephenson Smyth Baden-Powell

Robert Stephenson Smyth Baden-Powell, Gründer der Pfadfinderbewegung, wurde am 22. Februar 1857 in London geboren. Schon als Kind lernte er in den Armenvierteln Londons das Elend und die Not der Menschen kennen, und es erwuchs in ihm der Wunsch, persönlich zur Linderung dieser Not beizutragen. 1907, nachdem er viele Jahre lang überaus erfolgreich der Britischen Armee in Indien und Afrika gedient hatte – für seine Verdienste unter anderem als Spurenleser, Kartograf und Spion wurde er 1929 zum Baron geadelt –, konnte Baden-

Powell endlich seine langgehegte Idee der Gründung einer Jugendpfadfindergruppe in die Tat umsetzen. Vom 25. Juli bis 9. August 1907 veranstaltete er mit zweiundzwanzig Jungen aus allen sozialen Schichten auf Brownsea Island ein Zeltlager. Von da an wuchs die Bewegung in rasantem Tempo. Zum ersten Weltpfadfindertreffen 1920 kamen bereits 8000 Pfadfinder aus 34 Nationen zusammen. Heute hat die Bewegung ungefähr 38 Millionen Mitglieder in fast allen Ländern der Erde.

In den hier abgedruckten Briefen aus den ersten Januartagen 1941 verabschiedet sich Baden-Powell, des baldigen Todes gewiss, von seinen Schützlingen. Wenige Tage später, am 8. Januar 1941, starb er in Nyeri, Kenia. Sein Sarg war von drei Fahnen bedeckt: von der Fahne Englands, von der Pfadfinderfahne mit dem Liliensymbol und von der Pfadfinderinnenfahne mit dem Kleeblattsymbol. Auf dem Grabstein wurde ein Kreis mit einem Punkt darin eingemeißelt – eine verschlüsselte Nachricht in der Pfadfinder-Zeichensprache. Diese Nachricht lautet: »Ich habe meinen Auftrag erfüllt und bin nach Hause gegangen.«

Liebe Pfadfinder!

In dem Theaterstück »Peter Pan«, das Ihr vielleicht kennt, ist der Piratenhäuptling stets dabei, seine Totenrede abzufassen, aus Furcht, er könne, wenn seine Todesstunde käme, dazu keine Zeit mehr finden. Mir geht es ganz ähnlich. Ich liege zwar noch nicht im Sterben, aber der Tag ist nicht ganz fern. Darum möchte ich noch ein Abschiedswort an Euch richten. Denkt daran, dass es meine letzte Botschaft an Euch ist, und beherzigt sie wohl. Mein Leben war glücklich, und ich möchte nur wünschen, dass jeder von Euch ebenso glücklich lebt.

Ich glaube, Gott hat uns in diese Welt gestellt, um darin glücklich zu sein und uns des Lebens zu freuen.

Das Glück ist nicht die Folge von Reichtum oder Erfolg im Beruf und noch weniger von Nachsicht gegen sich selbst. Ein wichtiger Schritt zum Glück besteht darin, dass Ihr Euch nützlich erweist und des Lebens froh werdet, wenn Ihr einmal Männer sein werdet. Das Studium der Natur wird Euch all die Schönheiten und Wunder zeigen, mit denen Gott die Welt ausgestattet hat, Euch zur Freude. Seid zufrieden mit dem, was Euch gegeben ist, und macht davon den bestmöglichen Gebrauch. Trachtet danach, jeder Sache eine gute Seite abzugewinnen. Das eigentliche Glück aber findet Ihr darin, dass Ihr andere glücklich macht. Versucht, die Welt ein bisschen besser zurückzulassen, als Ihr sie vorgefunden habt.

Wenn dann Euer Leben zu Ende geht, mögt Ihr ruhig sterben im Bewusstsein, Eure Zeit nicht vergeudet, sondern immer Euer Bestes getan zu haben.

Seid in diesem Sinne »Allzeit bereit«, um glücklich zu leben und glücklich zu sterben. Haltet Euch immer an das Pfadfinderversprechen, auch dann, wenn Ihr keine Knaben mehr seid.

Euer Freund

Baden-Powell of Gilwell.

Liebe Pfadfinderinnen!

Dies ist mein Abschiedsbrief und somit das letzte Mal, dass ich zu Euch spreche.

Vergesst bitte, wenn ich nicht mehr bin, Eure Lebensaufgabe nicht, nämlich glücklich zu sein und glücklich zu machen. Das ist so einfach!

Ihr macht erst einmal andere Leute glücklich, indem Ihr ihnen Gutes tut. Über das Selber-Glücklichsein braucht Ihr Euch dann keine Gedanken mehr zu machen, denn dann kommt es von selbst. Ihr werdet hart arbeiten müssen, aber der Lohn wird nicht ausbleiben.

Wenn Eure Kinder gesund, unverdorben und unternehmungslustig heranwachsen dürfen, werden sie glücklich sein. Und glückliche Kinder lieben ihre Eltern. Eine reinere Freude als die Liebe eines Kindes gibt es nicht. Ich bin überzeugt, dass Gott unser Glück in diesem Leben will. Wir dürfen auf einer Erde leben, die voller Schönheit und voller Wunder ist, und Gott versah uns nicht nur mit Augen, um das alles wahrzunehmen, sondern auch mit dem Verstand, diese ganze Pracht zu erfassen. Wir dürfen es nur nicht an der Einstellung fehlen lassen …

Ihr werdet bald herausfinden, dass der Himmel nicht irgendein fernes Glück in den Wolken ist, das erst nach dem Tode kommt. Das Glück liegt in dieser Welt in Eurem Heim.

So führt denn andere zum Glück und werdet selbst glücklich dabei. Wenn Ihr das tut, so erfüllt Ihr die Euch von Gott übertragene Aufgabe.

Gott mit Euch.

Baden-Powell.

*

Moritz Rinke

Moritz Rinke, geboren am 16. August 1967 in Worpswede bei Bremen, lebt heute als freier Autor und Dramatiker in Berlin. Seine Theaterstücke, etwa »Die Nibelungen«, die er für die

Nibelungenfestspiele in Worms in eine aktuelle Neufassung brachte, werden an zahlreichen Häusern gespielt.

Den nachfolgenden Abschiedsbrief schrieb Moritz Rinke 2001 an die deutsche Bundesregierung. Er ist ein Abschied auch vom Glauben an den Rechtsstaat, wie Moritz Rinke dazu selber anmerkt.

Informationsamt der BUNDESREGIERUNG
Betr. 121 – 30361/14 d Berlin, 21. April 2001

Sehr geehrte Damen und Herren des Informationsamtes der Bundesregierung!

Für das zum »Tag der deutschen Einheit« von Ihnen aufgeführte Theaterstück »Das Versöhnungsfest«, das im Rahmen der Feierlichkeiten am 3. Oktober in Hannover zur Aufführung gelangte, bitte ich Sie heute noch einmal, die fehlende Mehrwertsteuer zu überweisen.

Ich habe Ihnen bereits in meinen Briefen vom 1. Februar und 2. März dieses Jahres deutlich zu machen versucht, daß auf das von Ihnen freundlicherweise überwiesene Honorar für »Das Versöhnungsfest« noch immer keine Mehrwertsteuer draufgeschlagen wurde. Nachdem Sie mir Ihr Informationsblatt mit den 33 Paragraphen zur Rechnungslegung übersandten, vielen Dank, und ich mir auch die erheblichste Mühe gab, Ihnen ordnungsgemäß die Rechnung zu legen, verstehe ich nun allerdings nicht, warum das Geld immer noch nicht eingetroffen ist.

Autoren sind in Deutschland sieben Prozent mehrwertsteuerpflichtig, und ich befinde mich mit meinem Anliegen durchaus auf dem Boden des Grundgesetzes! Zur näheren Erläuterung schicke ich Ihnen einfach mal meinerseits ein Informationsblatt zum deutschen Umsatzsteuergesetz, welches mir freundlicherweise mein Steuerberater zur Verfügung stellte.

Mir wurden bereits öfter und ganz selbstverständlich von anderen Institutionen sieben Prozent Mehrwertsteuer überwiesen, vom »Spiegel« bis zu einschlägigen Satiremagazinen ist es in ganz Deutschland selbstverständlich, daß Mehrwertsteuer überwiesen wird. Neulich hat sogar eine Zeitschrift für Hörakustik einen Beitrag von mir nachgedruckt und prompt die Mehrwertsteuer überwiesen. Da wird doch wohl die Bundesregierung auch in der Lage sein?

Ich finde es auch langsam ungeheuerlich, daß ich meinerseits Ihnen das deutsche Umsatzsteuergesetz schicke. Sie sind die Bundesregierung, nicht ich! Sie haben mich gebeten, Ihren Tag der deutschen Einheit mit einem kleinen Theaterstück zu schmücken, und jetzt sind Sie verpflichtet, die Mehrwertsteuer zu überweisen, wir leben in einem Rechtsstaat!

Wissen Sie, ich möchte auch weiterhin die Verfassung meines Landes ehren können. Ich bin eigentlich recht zufrieden mit dem Grundgesetz der Bundesrepublik Deutschland inklusive Präambel, und darum wäre es wirklich sehr schön, wenn Sie mir meinen Glauben in unsere Verfassung bewahren könnten und sich einfach mal die Artikel 104 a bis 115 (GG) angucken könnten, da steht das nämlich alles drin.

Ich hoffe nun, daß Sie für mein Anliegen ein wenig mehr Verständnis haben und wir die Sache mit den sieben Prozent gut über die Bühne kriegen. Ich habe nämlich ein ungutes Gefühl, immer wieder auf diese Weise mein Land anzumahnen.

Mit freundlichen Grüßen
Moritz Rinke

Frank S.

»Ich bin 42 Jahre, verheiratet, habe eine Tochter (acht Jahre) und leide an rasch fortschreitender MS. Sie hat mich schon vor einigen Jahren in den Rollstuhl gebracht, was mich aber nicht daran gehindert hat, weiter meiner Arbeit als Marketingleiter in einem mittelständischen Bildungsunternehmen nachzugehen. Anfang des Jahres 2006 kam es dann zu massiven Verschlechterungen in der Beweglichkeit meiner Hände. Seit März desselben Jahres war ich dann krankgeschrieben. Alle Anstrengungen waren vergebens, die Lähmung ließ sich nicht aufhalten, und ich musste meine Arbeit im Januar 2007 aufgeben. Mit dem beiliegenden Brief habe ich mich im gleichen Monat von meinen Kollegen und Mitarbeitern verabschiedet. Der Brief ist unverändert und auf jene Weise knapp und schnörkellos, wie es im Management eben so zugeht.«

Liebe KollegInnen!

Ich möchte mich mit dieser E-Mail von Euch und Ihnen verabschieden. Ich werde WBS verlassen, um mich im wahrsten Sinne des Wortes einer neuen Herausforderung zu stellen.

Es gibt viele Menschen bei der WBS TRAINING AG, denen ich mich nach den Jahren der Zusammenarbeit noch immer sehr verbunden fühle, aber auch, wie ich der Adressliste entnehme, eine ganze Reihe neuer Mitarbeiter an alten und neuen Standorten, und darüber freue ich mich sehr, zeigt es doch, dass sich das Unternehmen weiterentwickelt und wächst.

Denen, die mich noch kennen, mit denen ich die Freude gemeinsamer Arbeit hatte, von denen ich aber auch Unterstützung und Anteilnahme erfahren habe, möchte ich kurz den aktuellen Stand schildern: Nach vielen Behandlungen hatte ich zwischenzeitlich die Hoffung auf Rückkehr, aber letztendlich muss ich dem fortschreitenden Krankheitsverlauf Tribut zollen. Ich bin heute vom Hals ab weitgehend gelähmt und muss, wie meine Familie, mit dieser Situation umgehen. Das ist für uns alle eine ungeheure Herausforderung, aber wir versuchen mit einem Lächeln im Gesicht den Kopf über Wasser zu behalten.

Ich habe manchmal davon gesprochen, dass wir WBS immer wieder neu erfinden müssen, um unsere Existenz zu sichern. Das gilt nun im besonderen Maße auch für mich. Drücken Sie mir dafür die Daumen!

Ich grüße Euch und Sie herzlich und wünsche uns allen ein gutes Jahr 2007.

Frank S.

*

Denis M.

»Da ich nicht wusste, von welcher Person ich mich verabschieden soll, beziehungsweise bestimmte Menschen es nicht verdient haben, einen Brief zu bekommen, habe ich mich für die Ursache meiner Probleme entschieden: meine Angst!

Da ich mal wieder im Leben vor Entscheidungen und Aufgaben stehe, die viel Mut und Durchhaltevermögen verlangen, kann ich meine Angst vor allen Dingen wirklich nicht gebrauchen und habe ihr einen symbolischen Abschiedsbrief geschrieben, in der Hoffnung, dass mich das stärker macht!

Angst,

wir kennen uns jetzt schon sehr lange. Fast mein ganzes bisheriges Leben hast du mich begleitet, ob ich wollte oder nicht. Du warst immer anwesend wie ein großer, schwerer Schatten der mich erdrückt hat …

Dein Antlitz hat sich über die Jahre verändert. Als ich klein war, kamst du in Gestalt von Stille, dunklen Kellern, wilden Tieren, fremden Kindern, bösen Träumen und Geistern unterm Bett. Inzwischen sind wir gewachsen. Oft bist du mir entglitten, denn deine Tarnung ist perfekt. Feige versteckst du dich jetzt hinter Wörtern wie:

Psychose, Neurose, Depression,
Verlust, Versagen, Verrat,
talentlos, schlaflos, erfolglos,
Einsamkeit, Krankheit, Tod

Ich bin dir aber auch dankbar: für die Momente, in denen du mich schon ganz klein hattest und ich fast durchsichtig war. Dann wurde ich groß. Größer als deine Regeln und Sanktionen. Ich war frei …

Deshalb will ich, dass du gehst. Vielleicht nicht für immer, aber ich brauche dich nicht als täglichen Bestandteil meines Lebens. Ich hoffe, du verstehst …

Leb wohl!

Denis

Jochen Kuhn

Jochen Kuhn wurde am 7. April 1954 in Wiesbaden geboren. Er malt Bilder und macht daraus Filme, deren Drehbücher und Musik ebenfalls seinem Kopf entspringen. Die Kurzfilme sind meist leicht melancholisch, leise ironisch und zeichnen sich durch ein feines Gespür für die Absurditäten des Alltags aus. Preisgekrönt sind sie zudem. Im nachfolgenden Text sagt Kuhn dem Schauplatz seines Kurzfilms »Hotel Acapulco« aus dem Jahr 1987 adieu. In diesem Film reist einer in ein 800-Zimmer-Hotel und bleibt allein.

Tja – Hotel Acapulco – was soll ich Ihnen da erzählen? Die Bahnstation ist weitab. Man muss durch Gestrüpp und Vororte, vorbei an Gutshöfen und über einen Fluss, immer Richtung Uferpromenade.

Die Durchbrüche der Gegend, heißt es, seien sprichwörtlich. Na, wer weiß, was damit gemeint ist. Jedenfalls führt eine Straße in die andere, und viele Häuser sind ohne Dächer.

Man kann das Hotel eigentlich nicht verfehlen. Es ist groß und guterhalten, es hat Fahnen, eine aufgeweichte Teppichrolle im Hof und Efeu über alten Autoreifen.

Der Hotelier liegt in der Rezeption, das Bett gleich unter dem Schlüsselbord. Sein Motiv? Höchstwahrscheinlich trivial: kein Privatbereich für ihn, mehr Raum für die Gäste, mehr Verdienst für die Firma.

Man geht über eine schwer zu datierende Freitreppe gleich hinunter aufs Zimmer. Achthundert Räume – zumeist noch gut erhalten –, wer soll die alle mieten? Bronze, Marmor, Holz, Bimsstein – alles solide gearbeitet. Die Hotelhalle bequem zu Fuß zu durchqueren.

Es gibt kein Zimmerpersonal. Wozu auch? Für die paar Bettfalten auf dem Gestell kann man selbst sorgen.

Zu jedem Zimmer gehört ein Hund – wohl zur Gesellschaft der Gäste. Der meine hieß Acapulco, wie das Hotel – nicht gerade originell. Wenig zutraulich, nachts auf der Lauer, Löcher im Fell, schiss in jede Nische des Gewölbes.

Wirklich ewig jedoch, dem Relief in der Apsis entstiegen, erscheint Laura, die einzige Kellnerin. Diese Grazie! Dieses Tablett! Man will Kontakt zu ihr finden. Sie hält sich die meiste Zeit unten bei den Kabinen am Strand auf. Weiß Gott, was sie da treibt.

Man muss ihr folgen und sich so aufstellen, dass sie nicht ausweichen kann.

»Was haben Sie hier zu suchen?«

»Nichts, warum?«

»Kommen Sie mit auf mein Zimmer.«

Sie geht sogar mit. Man soll sich gut auf ganz spontane Fragen vorbereiten. Acapulco schicke ich so lange vor die Tür. Sich auf Einsilbigkeit gefasst machen. Nicht die Worte mitzählen! Kein Körperteil länger als drei Sekunden beobachten. Gegebenenfalls die gewohnten Gesten drosseln.

»Arbeiten Sie schon lange in diesem Hotel?«

»Was heißt schon lange?«

Entstehen Löcher im Gesprächsstoff, ruhig die nächste Intuition abwarten. Aber es hilft alles nichts. Jede ihrer Wendungen will zum Schluss kommen, definitiv schon im Timbre. Vielleicht hätte man etwas unternehmen sollen – tanzen, schwimmen …

Es gibt außer mir noch einen Gast. Ich weiß nicht mal, wie der heißt. Er ist nur ziemlich dick, nein, ziemlich dünn. Er hat mehr Glück bei Laura. Er hat wohl die besseren Themen oder die bessere Ausstrahlung, man weiß ja nie, woran es liegt. Sie reisen ab. Den Hotelier nehmen sie mit, sodass Acapulco und ich das ganze Hotel, ja, die ganze Ortschaft für uns haben. Die Ortschaft bietet nicht viel: überall Restposten, Mietshäuser, Tempel, Container, Minigolfplätze, Schilder liegen herum und immer die Möbel auf den Straßen.

Tja – ein netter Ort. Aber ich will Sie mal nicht länger aufhalten. Ist ja auch schon spät.

Reisen wir ab.

*

Thomas K.

»Vor zwei Monaten bekam meine liebe W. überraschend die Nachricht, als ›Misses Bundesland westlich‹ an der Misses Germany-Wahl teilnehmen zu dürfen. Naive Freude wich langsam einer gnadenlosen Bestandsaufnahme und dem Wunsch, noch ganz viel am Körper zu modellieren. Oft gab es Momente, in denen sie sich im Spiegel unzufrieden musterte und feststellte, an den falschen Stellen abzunehmen. Während der Vorbereitungstage weinte sie am Telefon. Trainigseinheiten, Versagensängste und Hunger begleiteten diese Tage. Ich nahm ihr viel Arbeit ab, und sie konzentrierte sich nur auf sich. Ihre Besessenheit ließ uns distanziert miteinander umgehen. Wir lachten kaum. Am Tag der Wahl war sie entspannt und hat sich gut verkauft. Sie hat eine gute Platzierung erreicht und wollte nie wieder an so etwas teilnehmen, weil sie kaum etwas zu essen bei den Proben bekommen und der ›Zickenalarm‹ genervt hätte. Sie war stolz auf ihre ›Scherpe‹, Fotos, auf denen sie ganz kantig (im Gesicht) aussieht, hat sie dann an Freunde verteilt. Meinen Brief habe ich ihr per Post dorthin zum Wahlort

geschickt. Sie hat ihn gelesen und erst Wochen nach der Wahl Verständnis und auch ein Lächeln zeigen können. Wir sind noch immer zusammen. Nie wieder seitdem ist sie so eigenartig schräg gewesen.«

Liebe W.,

Du bestimmst, wie es weitergeht. Ich auch.

Ich wünsche mir, dass wir beide uns gut verstehen und füreinander da sind. Natürlich wirst Du jetzt viel von dem nachholen wollen, was in den letzten Wochen liegengeblieben ist. So wie ich zum Beispiel. Ich freue mich sehr darauf, Dich wiederzusehen.

Du hast mir einmal gesagt, dass Du es magst, dass jeder von uns »Seins« machen kann und keiner verletzt ist dabei. Ich sehne mich so sehr nach Dir, dass ich kleinere Verletzungen hingenommen habe. Auf Dauer jedoch können daraus Wunden werden, die zu starke Schmerzen verursachen. Ich will Dich und davon noch mehr. Ich weiß mit der Liebe für Dich im Augenblick nicht wohin, weil Du sie gar nicht verdauen möchtest. Ich bin so voller Leidenschaft, mag Dir ehrliche Aufmerksamkeit geben und wünsche sie mir auch von Dir. Ich werde nie sagen, dass ich so viel zu tun und keine Zeit mehr für Dich habe. Ich kann das auch schwer verstehen und bin enttäuscht über alternativloses Ablehnen. Das führt mich dann zu den Abgründen, die Du kennst. Wenn Dich jemand anruft oder antrifft, bist Du umso freundlicher, ich hätte das auch gern. Dieses Strahlen, die Heiterkeit, die Du anderen schenkst. Mir bist Du in letzter Zeit selten so entgegengekommen, und ich war verunsichert und enttäuscht. Ich habe oft bemerkt, dass Du mir gar nicht richtig zugehört haben kannst, wenn Du Verabredungen mit mir übersprangst. Du bist nicht anwesend. Wenn ich Dich einmal bei mir habe, nutzt Du die Zeit mit mir, um Dich über Schiefgelaufenes aufzuregen, und erwartest einen stillen, ab und zu nickenden Zuhörer. Ich rede mir immer wieder ein, dass es ja bald vorbei ist und alles besser wird. Wird es das wirklich? Werden wir einmal wieder Spaß miteinander haben? Du warst für verdammt wenig zu begeistern, hast Deine Augen verdreht – so wie ich es noch nie bei Dir sah. Unser Liebesleben kam mir vor wie etwas, was möglichst schnell vorüber sein sollte. Vor einem Jahr warst Du schon mal so mechanisch, und ich konnte dich öffnen, nun kehrst Du mir nur noch Deinen Rücken zu. Ist er gekommen, ist er auch entspannt und nervt nicht so rum – stimmt's? Das füllt mich nicht aus. Es ist unser Zusammenspiel, was den Sex so großartig macht. Du hast nie wirklich die Kontrolle aus der Hand gegeben, ich wünschte mir das so sehr. Dass Du mal loslässt, schwebst, kein Verantwortungsgefühl niemandem gegenüber wenigstens für Minuten kennst. Ich zweifele oft an mir, warum das mit uns nicht entspannter geht. Du weißt, so schnell geb ich nicht auf, auch dieses Mal nicht.

Ich habe zu F. letztens gesagt, dass ich mitunter gar nicht mehr weiß, was ich will, bin so sehr damit beschäftigt, nur nicht ins Abseits zu geraten. Wo ist meine Coolness, mein Macho-Gehabe? Alles gewichen. Hast Du so wenig Lust auf mich? Kann Dein Ziel Dich so stromlinienförmig machen, so hässlich verbissen? Ich weiß, es wird noch weitere Situationen geben, die Dich fordern, Du kannst Dich gern so verhalten, nur ich werde das nicht mehr hinnehmen können. Du drehst Deine Unsicherheit gern um und erstarrst zu etwas sehr Sprödem. Nichts übrig von Deiner weichen Seite.

Wenn Du erfolgreich zurückkehrst mit neuer Energie und ich meine Wunden lecke, dann ist das ungerecht. Und ich weiß, Du gehst einfach so drüber weg. Dich langweilt dann mein Rumgemotze, weil alle so glücklich sind und sich ja so freuen. Da passt dann so ein Typ mit einer offenen Rechnung nicht ins Lila-Laune-Land. Ich helfe Dir gern, nicht mehr um jeden Preis.

Ich wünsche mir die warmherzige, liebevolle und aufmerksame Verführerin zurück –

In vorfreudiger Erwartung

T.

*

Dominik Z.

»Katja war meine ehemals beste Freundin, wir waren jeden Tag zusammen, wir waren insgesamt zehn Jahre beste Freunde.

Nur irgendwann ist sie immer komischer geworden, wollte nichts mehr mit mir unternehmen, ignorierte mich sogar. Aufgrund der langen Freundschaft habe ich ihr zum Abschied einen Brief geschrieben, um mit der Freundschaft und ihr abzuschließen.«

Hallo Katja,

ich wollte dir einmal sagen, wie gern ich dich als gute Freundin gehabt habe. Ich weiß noch ganz genau, wie wir im Kindergarten immer zusammen gespielt und wie gut wir uns vom ersten Augenblick verstanden haben. Es war eine so schöne Zeit mit dir, wir gingen anschließend zusammen in die Grundschule, danach sogar zusammen auf die Hauptschule, so lernten wir uns immer besser kennen, wir waren unzertrennlich, uns konnte damals keiner was anhaben. Als sich deine Eltern scheiden ließen, hast du dich ziemlich drastisch verändert, du warst auf einmal so komisch. Ich weiß nicht, wie ich das beschreiben soll, danach war alles anders, jedes Mal, wenn ich dich sah, warst du wirklich komisch, sodass es einem fast Angst machte. Ich sehnte mich von da an immer in die Zeit zurück, als wir uns jeden Tag sahen und noch die ganze Welt in Ordnung war. Weißt du noch, wie wir immer bei euch auf den Speicher gingen und es uns im Heu gemütlich machten, oder wie wir am ersten Mai immer los sind und allerhand Sachen angestellt haben, oder was für ein Gefühl es war, als wir das erste Mal heimlich eine Zigarette zusammen rauchten? Natürlich durften unsere Eltern nichts davon mitbekommen, denn wir waren ja erst neun. Wir hielten dicht, ich glaube, sie wissen das heute noch nicht. Als du und deine Familie dann später umgezogen seid, wurde alles anders, wir sahen uns nur noch selten, und wenn wir dies taten, war es gar nicht mehr so wie früher. Meistens wurden wir von deiner Mutter verdonnert, auf deine zwei Schwestern aufzupassen und ihr bei der Heimarbeit zu helfen. Es war nun alles gar nicht mehr so schön und toll. Ich wollte dich am besten jeden Tag sehen, dies ging aber nicht, da du ja nie so viel Zeit mehr hattest. Du hattest schnell einen ganz anderen Freundeskreis, da war ich natürlich abgeschrieben. Ich weiß nicht, wie es dir ging, aber ich habe lange gebraucht, bis ich darüber hinwegwar, dass unsere Freundschaft in Schutt und Asche lag. Ich habe immer versucht, dich zu treffen, aber du hast mir immer kurz vorher abgesagt oder bist erst gar nicht erschienen. Dies ist nun zwei Jahre her, und ich sehne mich immer noch an die schöne

Zeit zurück. Ich schreibe dir diesen Brief, um über das Vergangene und die Sehnsucht hinwegzukommen. Ich hoffe sehr, dass ich nun besser ohne dich leben kann. So habe ich hoffentlich mit meiner Vergangenheit mit dir abgeschlossen. Bitte schreibe mir nicht zurück, ich weiß nicht, ob ich dies verkraften würde.

Ich wünsche dir noch alles Gute und viel Glück auf deinem weiteren Lebensweg.

Dein Dominik

*

Gregor W.

»Annerose war meine geliebte, inzwischen verstorbene Schwester. Ich will hier nicht mein Leben zum Besten geben, aber wäre sie nicht gewesen, dann würde ich vielleicht heute nicht mehr hier sitzen, sondern wie sie unter der Erde liegen. Sie hat einmal zu mir gesagt, dass sie sich eigentlich nicht vorstellen könne, dass ich alt werden würde. Und das war sicher alles andere als böse gemeint. Irgendwann erkrankte sie dann an Lupus … Primär muss die Krankheit nicht tödlich sein, bei ihr war sie es allerdings. Letztlich haben bei ihr zum Schluss alle Organe versagt. Vor Weihnachten lag sie schon im Krankenhaus, durfte dann drei Tage zu Hause bei der Familie verbringen, bevor sie wieder ins Krankenhaus zurückkehren musste. Eines Morgens bin ich aus einem unsanften Schlaf erwacht und hatte das dumpfe Gefühl, dass im Laufe des Tages irgendetwas Schreckliches passieren würde. Ich rief im Krankenhaus an und fragte, ob es denn sinnvoll wäre, meine Schwester besuchen zu kommen. Dies wurde abgelehnt, weil die Gefahr einer Infektion bestand. Am späten Abend ist sie gestorben.«

es war unfair, sich einfach so davonzuschleichen, und ich glaube, ich werde deinem ex-mann und meinem schwager nie verzeihen, dass ich dich nicht noch einmal sehen, berühren, deine hand halten durfte, so wie ich es früher in meinen kindertagen immer getan habe.

wie merkwürdig doch der lauf der dinge ist: du glaubtest, ich würde mein dreißigstes lebensjahr kaum erleben, und jetzt bist du es, die neben unserem vater unter der erde verrottet.

ja, alte, ich lebe noch, und ich schreibe dir hier diesen postabschiedsbrief, weil ich mich auch nach zwei jahren noch nicht von dir verabschiedet habe.

so wie ich diesen brief ins nichts schreibe, so habe ich all die gedichte an dich ins nichts geschrieben, rosen, die ich auf eurer grab legte, verflüchtigten sich ebenso, wie du dich verflüchtigt hast.

eine gute freundin warst du mir in meiner kindheit und jugend, und ich bin mir wirklich nicht so sehr sicher, ob ich ohne dich, deine haltende hand heute noch leben würde.

würden wir in denselben himmel entschwebt sein oder für immer vergangen?

ich erinnere mich daran, wie ich dich zum ersten mal verlor, ein wenig zumindest, einen teil von dir. du lerntest wolfgang kennen, und schon bald warst du auch mit ihm in eine eigene wohnung gezogen. am anfang war ich noch ein wenig eifersüchtig, aber das wich bald der freude darüber, dass du jemanden gefunden hattest, der dich wirklich zu lieben schien. so wie es dich immer mit freude zu erfüllen schien, wenn du wusstest, dass ich mit einer lieben frau zusammen war.

meine hölle hatte damals wohl auch aufgehört zu lodern, sodass ich mich nicht alleingelassen fühlen musste von dir. keiner konnte ahnen, dass sie irgendwann einmal zurückkehren würde, umso heftiger und gnadenloser. mein gott, du warst damals der einzige mensch, der wirklich hinter die kulissen schauen durfte, dem ich jeden blick in eine welt gestattete, in der ich als kind verloren war. du warst der einzige mensch, der mir zur seite stand und mich verteidigte, mich davor bewahrte, allzu früh schon als menschliches wesen zugrunde zu gehen. auch heute noch würde ich dir diesen einblick gewähren und zugang zu dem, was mich umtreibt, was mich behindert, was mich weiterleben lässt, kämpfend, woran ich freude habe und frieden finde.

als du mir bei unserem letzten zusammentreffen, diesem unsäglich blöden weihnachten, schon ohne vater (oder gott sei's gedankt?), sagtest, dass du wieder ins krankenhaus zurückkehren müssen würdest, da hatte ich bereits eine ahnung davon, dass ich dich vielleicht nie wiedersehen würde. an dem tag, an dem du starbst, wollte ich dich unbedingt noch besuchen, versuchte die ärzte zu überreden, mich zu dir zu lassen. ich wusste, dass du sterben würdest, konnte es erfühlen, das war keine ahnung mehr, sondern ein wissen darum.

vielleicht lässt es sich am besten mit dem begriff der synchronizität erklären, vielleicht aber auch gar nicht. wirklich interessant erscheint mir das nicht, auch nicht wirklich verwunderlich. es hatte mich ja auch nicht gewundert, dass es den augenblick gab, an dem ich wusste, dass geli und ich tristan gezeugt hatten. ich spürte das, warum auch immer.

weißt du es noch, als ich davon erzählte und du nur sagtest, du könnest dir dies bei mir sehr gut vorstellen, dieses wissen um diese dinge?

du fehlst, annerose, auch heute noch, und ich habe es nicht vermocht, dir noch einmal zu zeigen, wie sehr ich dich als schwester und freundin liebte, wie sehr ich dich gebraucht habe und auch heute noch brauche.

in mir lebst du weiter, bis mich selbst der sensenmann packt. mit etwas glück oder pech könnte diese begegnung schon bald erfolgen. nahe dran war ich schon oft genug, und mich treibt die frage um, ob es ein – wie auch immer geartetes – wiedersehen geben mag.

dies ist eine letzte kleine, bescheidene rose für dich, a., meine art, abschied zu nehmen und ein letztes mal dank zu sagen.

Kapitel 2

Das große Finale – Abschied vom Leben

»Ich grüße alle meine Freunde! Mögen sie die Morgenröte noch sehen nach der langen Nacht! Ich, allzu Ungeduldiger, gehe ihnen voraus.«

Stefan Zweig

Sibylle Berg
Paul (1967–2008)

Wenn ich das gewusst hätte, dass der bleibt, der Moment, wenn man die Augen zutut, dann hätte ich mir mehr Mühe gegeben, glauben Sie mir. Aber es ist nett, dass Sie fragen. Ich war nie einer, von dem man etwas wissen wollte. Ich habe meine Durchschnittlichkeit irgendwann erkannt und tatsächlich geglaubt, es würde mich über den Durchschnitt erheben. Ich sah immer aus wie einer dieser Männer, die morgens in der Bahn sitzen, und man fragt sich, wie irgendeiner, geschweige denn ihre Frauen sie auseinanderhalten können. Die Haare gingen mir früh aus, diese mittelblonden, dünnen Haare. Ich hatte einen recht großen Hintern und hängende Schultern, und in meinem Gesicht gab es außer der rechteckigen schwarzen Brille nichts, das nicht Luft geglichen hätte. Es ist erstaunlich, dass ich das alles feststellte, ja, manchmal dachte ich, vielleicht bemerken all diese durchschnittlichen Leute genau wie ich ihre Durchschnittlichkeit, und sie bekommen Krebs davon oder werden Neonazis oder Perverse, irgendetwas, nur irgendetwas, dass man aus der Masse ragen möchte.

Ich war nie zu großen Gedanken fähig. Gleichwohl hatte ich immer das Gefühl, dass ich doch tiefer empfinden könnte als alle diese Männer mit ihren verdammten Halbschuhen, die aussahen wie meine Halbschuhe. Aber ich bekam die Tiefe nie in Gedanken gehüllt. Sie lag in mir, und ich kam nicht an sie heran. Das GROSSE, das die Welt oder zumindest meine hätte verändern können, war zu groß für mich. Ich hatte das Gefühl, ich sei im falschen Körper geboren. Eigentlich müsste ich jemand sein, der auffiele, der interessante Gedanken auch auszudrücken vermag, ein verdammtes Alphatier. Aber nichts da, alles blieb klein und unauffällig.

Ich nahm mir eine Frau, und wir hatten kleine Gefühle füreinander. Die Frau sah aus wie alle Frauen, die mit Männern wie mir zusammen waren. Ich habe vergessen, wie sie aussah, ich habe vergessen, ob sie jemals einen relevanten Satz gesagt hat, einen, bei dem ich hätte denken können: Na, das ist aber jetzt mal ein Satz.

Wir wohnten in einer Wohnung, die, wenn man von außen des Nachts in sie sah, aussah wie alle Wohnungen in dem Block, in dem sie sich befand. Ich habe vergessen, was wir da machten, ich habe vergessen, was ich gearbeitet habe. Es fand sicher an einem Schreibtisch statt und hatte mit einem Computer zu tun. Vermutlich habe ich nie denken müssen bei der Arbeit. Bei den meisten Beschäftigungen genügt es ja durchaus, wenn man ein Standardvokabular von zehn Sätzen beherrscht, die alle komplett ohne Inhalt sind.

Als Jugendlicher hatte ich versucht, mich interessant zu gestalten. Ich war als Grufti durch die Gegend gelaufen, mit Make-up und schwarzen Gewändern, ich hatte mich als Punker verkleidet. Doch all die Attitüden waren mir zu klar: Ich sah immer nur aus wie ein mittelmäßiger Mensch mit schwarzen Mänteln und abgeschauten Posen. Wenn ich mich morgens ansehen musste, bei der Reinigung, kam ein solcher Hass gegen mich in mir auf – und ich wusste noch nicht einmal den zu nutzen. Weder taugte ich zum Amoklaufen noch als Söldner oder Harley-Fan, als Politiker oder Journalist. Dinge, die andere durchschnittliche Männer unternehmen, um sich eine Bedeutung zu geben, waren mir in ihrer verkrampften

Bemühung zu klar. Ich war eine Ameise unter Ameisen, die keine Ameise sein wollte, der aber keine andere Möglichkeit einfiel.

Ich starb nach bedeutungslosen Jahren einen ebenso durchschnittlichen Tod. Ich hatte betrunken einen Autounfall. Das also wird der Moment sein, der mich für alle Ewigkeit begleiten wird. Wie ich in einem billigen Anzug mit einer Bierfahne in einem MITTELKLASSEWAGEN sitze, herumfahre, weil ich vergessen hatte, wo sich meine Wohnung aufhielt, mit der Frau darin, die ich geheiratet hatte – vielleicht hatte ich auch ein etwas übergewichtiges Kind, einen Jungen, dem bereits im Alter von drei Jahren die Haare ausgingen. Und dann war ich ins Schlingern geraten und dachte: Na, wenigstens einmal ein Moment, den nicht jeder hat.

Stefan Zweig

Stefan Zweig wurde 1881 in Wien geboren und stammte aus einer großbürgerlichen jüdischen Familie. Er schrieb Novellen, Romanbiografien wie »Marie Antoinette« (1932) und historische Miniaturen – seine »Sternstunden der Menschheit« (1927) waren eines der meistverkauften Bücher seiner Zeit. Das Erlebnis des Ersten Weltkrieges ließ Zweig zu einem überzeugten Pazifisten werden. Nach der Machtergreifung der Nationalsozialisten emigrierte er 1934 nach London. 1938 ließ er sich von seiner ersten Frau Friderike Burger scheiden, die zwei Kinder aus einer ersten Beziehung mit in die Ehe gebracht hatte, und heiratete ein Jahr darauf seine Sekretärin Charlotte Altmann. Nach Ausbruch des Zweiten Weltkrieges zog er es vor, England zu verlassen, und kam – nach Zwischenstationen in New York, Argentinien und Paraguay – 1940 nach Brasilien, wo er sich in Petrópolis, nahe bei Rio de Janeiro, niederließ.

Stefan Zweig beging am 23. Februar 1942 Selbstmord mithilfe einer Überdosis an Schlafmitteln. Seine Frau folgte ihm, nachdem sie seinen Tod abgewartet hatte, auf demselben Weg. Noch im Jahr seines Todes erschien Zweigs berühmtestes Werk, »Die Schachnovelle«, in dem er dem verzweifelten Kampf eines Humanisten gegen ein unmenschliches System bleibenden Ausdruck verlieh.

Zweig hinterließ zwei Abschiedsbriefe: Der erste richtete sich an seine erste Frau, der zweite an das Land Brasilien und die Nachwelt.

Petrópolis, 22. Februar 1942

Liebe Friderike,

wenn Du diesen Brief erhältst, werde ich mich viel besser fühlen als zuvor. Du hast mich in Ossining gesehen, und nach einer guten und ruhigen Zeit verschärfte sich meine Depression – ich litt so sehr, dass ich mich nicht mehr konzentrieren konnte. Und dann die Gewissheit – die einzige, die wir hatten –, dass dieser Krieg noch Jahre dauern wird, dass es endlose Zeit brauchen wird, ehe wir, in unserer besonderen Lage, wieder in unserem Haus uns niederlassen können, war zu bedrückend. Petrópolis gefiel mir sehr gut, aber ich hatte nicht die Bücher, die ich brauchte, und die Einsamkeit, die erst so beruhigend wirkte, fing an, niederschlagend zu wirken – der Gedanke, dass mein Hauptwerk, der Balzac, nie fertigwerden könnte ohne zwei Jahre in ruhigem Leben und mit allen Büchern, war sehr hart, und dann dieser Krieg, der seinen Höhepunkt noch nicht erreicht hat. Ich war für all das zu müde. Du hast Deine Kinder und damit eine Pflicht zu erfüllen, Du hast weitreichende Interessen und eine ungebrochene Aktivität. Ich bin sicher, Du wirst die bessere Zeit noch erleben und Du wirst mir Recht geben, dass ich mit meiner »schwarzen Leber« nicht mehr länger gewartet habe. Ich schicke Dir diese Zeilen in den letzten Stunden, Du kannst Dir nicht vorstellen, wie froh ich mich fühle, seit ich diesen Entschluss gefasst habe. Gib den Kindern meine lieben Grüße und beklage mich nicht – denke an den guten Joseph Roth und Rieger, wie froh ich immer war, dass sie diese Prüfungen nicht zu überstehen hatten.

Alles Liebe und Freundschaftliche und sei guten Mutes, weißt Du doch, dass ich ruhig und glücklich bin.

Stefan

Declaraçao

Ehe ich aus freiem Willen und mit klaren Sinnen aus dem Leben scheide, drängt es mich, eine letzte Pflicht zu erfüllen: diesem wundervollen Land Brasilien innig zu danken, das mir und meiner Arbeit so gute und gastliche Rast gegeben. Mit jedem Tage habe ich das Land mehr lieben gelernt, und nirgends hätte ich mir mein Leben lieber vom Grunde aus neu aufgebaut, nachdem die Welt meiner eigenen Sprache für mich untergegangen ist und meine geistige Heimat Europa sich selbst vernichtet.

Aber nach dem sechzigsten Jahre bedurfte es besonderer Kräfte, um noch einmal völlig neu zu beginnen. Und die meinen sind durch die langen Jahre heimatlosen Wanderns erschöpft. So halte ich es für besser, rechtzeitig und in aufrechter Haltung ein Leben abzuschließen, dem geistige Arbeit immer die lauterste Freude und persönliche Freiheit das höchste Gut dieser Erde gewesen.

Ich grüße alle meine Freunde! Mögen sie die Morgenröte noch sehen nach der langen Nacht! Ich, allzu Ungeduldiger, gehe ihnen voraus.

Stefan Zweig

Petrópolis 22. II. 1942

*

Hidir Aslan

Hidir Aslan, geboren 1958, war Student und Mitglied von Devrimci Yol (Revolutionärer Weg), einer türkischen links-marxistischen Bewegung. Die Türkei litt Ende der 1970er Jahre unter fehlender politischer Stabilität, ungelösten wirtschaftlichen und sozialen Problemen, Streiks und Gewalt links- und rechtsextremer Gruppen. Die Politik und die Sicherheitskräfte schienen außerstande, die Gewalt einzudämmen. In den Kämpfen zwischen den verschiedenen Kräften kamen mehr als 5 000 Menschen um. Am 12. September 1980 putschte sich schließlich das Militär unter der Führung des Generalstabchefs Kenan Evren an die Macht, um den Ausbruch eines Bürgerkrieges zu verhindern. Hidir Aslan und drei weitere Mitglieder von Devrimci Yol wurden nach dem Militärputsch vor Gericht gestellt, weil sie an Anschlägen auf Panzer der türkischen Armee im Februar 1980 in Izmir beteiligt gewesen waren, bei denen drei Polizisten starben. Man verurteilte sie zum Tode. Das Urteil wurde am 25. Oktober 1984 in Burdur vollstreckt.

Im Oktober 1984

Mein geliebter Bruder,

ich werde nicht lange schreiben. Auf diesen Augenblick habe ich mich seit langem vorbereitet. Meine letzte Reise soll so schön sein, wie es mein ganzes Leben gewesen ist. Ob ich traurig bin? Das will ich nicht, meine Liebsten. Ich finde es auch gar nicht nötig, dass ich große Worte gebrauche. Alles soll so klar und einfach sein wie das Leben.

Wenn das Leben ein Lied ist, so muss man es so schön wie möglich singen. Ich habe mich bemüht, es so schön wie möglich zu singen. Die Tage werden kommen, an denen wir Lieder des Sieges singen werden. Ich habe den Weg eines ehrlichen Lebens gewählt. Wenn es auch kurz war, so gehe ich doch glücklich. Ich werde weiterleben, weil ich für die richtige Sache und für eine schöne Zukunft gekämpft habe. Wenn man dafür kämpft, muss man bereit sein, alles zu opfern. Der Tod wird dann leicht. Wenn das Sterben eine solche Bedeutung hat, ist es genauso schön wie das Leben.

Während ich diesen Brief schreibe, trinke ich langsam und in großer Ruhe meinen Tee und rauche genussvoll Zigaretten. Ich bin nicht traurig, sondern fröhlich. Ich will mein Leben wie einen Film noch einmal vor meinen Augen ablaufen lassen, aber es ist schwer, sich alles von Anfang an in Kürze noch einmal zu vergegenwärtigen. Du hast mich gebeten, mein Bruder, ein Testament zu schreiben. Ich habe mich damit nicht beeilt, aber jetzt habe ich Zeit und will es schreiben:

Hört nie auf, Euch für die richtige Sache und die schöne Zukunft einzusetzen. Ihr sollt all meinen Genossen und Freunden und allen, die ein freundliches und offenes Herz haben, die Wärme meiner Liebe zukommen lassen. Ihr sollt ihnen sagen, dass ich stolz und aufrecht gehen werde. Ich will nicht, dass jemand traurig ist. Traurig zu sein ist das Schlimmste, was man mir antun kann. Man muss auch Schmerzen und Trauer ertragen und damit leben können, auch wenn es schwer ist. Ihr habt für mich sehr viel getan, mehr als ich zurückgeben kann. Die Mühe, die Du und andere sich für mich gemacht haben, war für mich sehr wichtig. Ich habe den Weg der Stärksten gewählt, und die Stärksten auf der ganzen Welt sind die Arbeiter. Dafür habe ich alles getan, was in meiner Kraft stand. Ich habe nicht alles geschafft, was ich schaffen wollte. Aber es werden neue Menschen geboren, um die Arbeit fortzusetzen. Alle meine Aufgaben in der Familie übergebe ich Dir und meinem Bruder Aydin. Ich glaube fest daran, dass Ihr diese Aufgaben bestens erfüllen werdet.

Ich möchte noch vieles sagen, aber die Zeit wird knapp. Ich habe noch zehn Minuten. Ihr sollt nicht traurig sein und Euch nicht vom Schmerz niederdrücken lassen. Ihr sollt dem Leben gegenüber stark sein! Das ist das Leben, das man wählen muss! Ich kann nicht alle Namen aufzählen von denen, die ich grüßen möchte. Sag all meinen Freunden und allen, die mich kennen, meine Grüße.

Mit der ganzen Liebe meines Herzens, mit all meinem Stolz umarme ich Dich und Euch alle und küsse Euch. Seid stark, seid aufrecht und lasst den Kopf nicht hängen! In jenen schönen Tagen, wenn das Ziel erreicht ist, werde ich wieder unter Euch sein.

Euer Onkel, Euer Bruder, Euer Genosse Hidir Aslan

*

Kim Malthe-Bruun

Das Pressebüro des SS- und Polizeiführers in Dänemark teilte am Sonntag, den 8. April 1945, mit: »Zum Tode verurteilt Seemann Kim Malthe-Bruun, geboren am 8. Juli 1923 in Schaheswan-Forts [Fort Saskatchewan], Kanada, wohnhaft in Kopenhagen, weil er als Mitglied einer illegalen Gruppe sich ein Zollboot angeeignet und dieses nach Schweden verbracht hat. Ferner hat er seiner Gruppe Waffen verschafft und am Waffentransport teilgenommen. Das Todesurteil ist durch Erschießen vollstreckt worden.«

Im folgenden Brief verabschiedete sich Kim von seiner Freundin Hanne.

4. April 1945

Mein eigenes kleines Mädchen,

ich wurde heute vor ein Gericht gestellt und zum Tode verurteilt. Eine schreckliche Botschaft für ein kleines

Mädchen von zwanzig Jahren. Ich habe die Erlaubnis bekommen, diesen Abschiedsbrief zu schreiben. Und was soll ich schreiben? Wie soll nun dieser mein Schwanengesang lauten? Die Zeit ist kurz – der Gedanken so viele. Was ist das Letzte und Wertvollste, das ich Dir geben kann, was besitze ich, das ich Dir zum Abschied geben kann, dass Du mit Trauer und dennoch mit einem glücklichen Lächeln weiterleben, wachsen und großwerden kannst?

Wir segelten auf dem wilden Meer, wir begegneten einander vertrauensvoll wie spielende Kinder, und wir liebten einander. Das tun wir noch, und das werden wir auch weiterhin tun. Aber eines Tages riss uns der Sturm auseinander, ich stieß auf Grund und versank, Du wurdest an eine andere Küste gespült, Du wirst in einer neuen Welt weiterleben. Du sollst mich nicht vergessen, das verlange ich nicht, warum sollst Du etwas vergessen, das so schön ist. Aber Du darfst nicht daran hängenbleiben, Du sollst ebenso leicht und doppelt glücklich weiterleben, denn das Leben hat Dir auf Deinem Weg das Schönste vom Schönen geschenkt. Reiß Dich los, lass dieses glücklichste Glück alles für Dich sein, lass es strahlen als das Stärkste und Klarste von allem, aber lass es nur eine Deiner goldenen Erinnerungen sein, lass Dich von ihm nicht blenden, dass Du all das Herrliche nicht sehen kannst, das Dir noch bevorsteht. Du darfst Dich nicht der Schwermut hingeben, Du musst reif und reich werden, hörst Du, mein eigenes liebes Mädchen.

Du lebst weiter und wirst anderen schönen Abenteuern begegnen. Aber versprich mir, das bist Du mir bei all dem, wofür ich gelebt habe, schuldig, dass der Gedanke an mich sich nie zwischen Dich und das Leben stellen wird. Bedenke, dass ich ein Seinsgrund in Dir bin, und wenn ich Dich verlasse, das nur bedeutet, dass er allein weiterlebt. Er soll gesund und natürlich sein, er soll nicht zu viel Platz einnehmen, und nach und nach, wenn größere und wichtigere Dinge an seine Stelle treten, soll er in den Hintergrund gleiten und gerade nur ein kleiner Bestandteil eines Bodens sein, der voll Glück und Entwicklung ist.

Du fühlst ein Stechen im Herzen, das ist der Schmerz, wie man denn sagt, aber, Hanne, schau weiter, wir müssen ja sterben, und wenn ich ein wenig früher oder später entschlafe, so können weder Du noch ich sagen, ob das gut oder schlimm ist.

Ich denke an Sokrates, lies von ihm, und Du wirst Platon erzählen hören, was ich gerade jetzt empfinde. Ich habe Dich grenzenlos lieb, aber jetzt nicht mehr, als ich Dich schon immer geliebt habe. Das ist nichts, das mich im Herzen sticht, so ist es nun einmal, und Du sollst es einsehen. Es lebt und brennt etwas in mir – eine Liebe, eine Inspiration, nenne es, wie Du willst, aber es ist etwas, für das ich noch keinen Ausdruck gefunden habe. Nun sterbe ich, und ich weiß nicht, ob ich eine kleine Flamme in einem andern Herzen entzündet habe, eine Flamme, die mich überleben wird. Aber dennoch bin ich ruhig, weil ich gesehen habe und weiß, dass die Natur reich ist, sodass keiner es merkt, wenn ein paar vereinzelte Sprösslinge unter den Füßen zertreten werden und sterben. Warum sollte ich also verzweifeln, wenn ich all den Reichtum sehe, der noch lebt.

Hebe den Kopf empor, Du meines Herzens allerköstlichster Kern, hebe ihn empor und sieh, das Meer ist immer noch blau, das Meer, das ich so geliebt habe und das uns beide umhüllt hat. Lebe Du nun für uns beide. Ich bin weg und fort, und was zurückbleibt, ist nicht ein Gedenken, das Dich zu einer Frau nach Art der

N. N. macht, sondern eines, das Dich zu einer Frau macht, die lebendig und warmherzig, gereift und glücklich ist. Du darfst Dich nicht in die Trauer vergraben, denn so versteifst Du Dich und bleibst in einer Anbetung vor mir und Dir stecken, und Du würdest das verlieren, was ich am allermeisten an Dir liebte – Deine Weiblichkeit. Merke Dir, und ich schwöre es Dir, dass es wahr ist, dass jeder Schmerz sich in Glück verwandelt. Nur werden die wenigsten das nachträglich vor sich selber eingestehen. Sie hüllen sich in den Schmerz, und die Gewohnheit lässt sie glauben, dass es beständig Schmerz sei, und sie hüllen sich immerzu in ihn. Die Wahrheit ist die, dass nach dem Schmerz die Tiefe und nach der Tiefe die Frucht kommt.

Schau, Hanne, eines Tages wirst Du einem begegnen, der Dein Mann werden wird. Und wird dann der Gedanke an mich Dich beunruhigen, wirst Du vielleicht ein schwaches Gefühl bekommen, dass Du mir oder dem gegenüber versagst, was Dir rein und heilig ist? Hanne, schau nochmals empor, schau in meine lachenden blauen Augen, und Du wirst verstehen, dass die einzige Art, in der Du mir gegenüber versagen kannst, darin besteht, nicht ganz und gar Deinem natürlichen Instinkt zu folgen. Du erblickst ihn und lassest Dein Herz ihm entgegenströmen. Nicht um den Schmerz zu betäuben, sondern weil Du ihn aufrichtigen Herzens liebst. Du wirst sehr, sehr glücklich werden, weil Du einen Grund bekommen hast, auf dem für Dich noch unbekannte Gefühle üppig wachsen werden. Du musst Nitte grüßen, ich habe stark daran gedacht, an sie zu schreiben, weiß aber nicht, ob ich noch Zeit dazu habe. Es ist, als ob ich fühlte, dass ich für Dich mehr tun kann, und Du bist ja für mich der Inbegriff alles lebendigen Lebens. Ich möchte Dir alles Leben einhauchen, das in mir ist, damit es sich auf diese Weise fortsetzen kann und so wenig wie möglich von ihm verlorengeht, so verlangt es meine Natur einmal.

Nicht für ewig Dein

Kim

*

Alexander Schmorell

Alexander Schmorell, geboren am 16. September 1917, war Mitbegründer der »Weißen Rose« um die Geschwister Hans und Sophie Scholl. Die Gruppe von Studenten rief ab 1942 auf insgesamt sechs verschiedenen Flugblättern zum Widerstand gegen die deutsche Nazi-Regierung unter Adolf Hitler auf. Am 18. Februar 1943, bei der Verteilung des sechsten Flugblattes, wurden die Geschwister Scholl von der Gestapo verhaftet. Alexander Schmorell versuchte zu fliehen, wurde aber wenige Tage später, am 24. Februar gefasst. An diesem Tag wurden seine Freunde Hans und Sophie Scholl und Christoph Probst beerdigt – sie waren vom Volksgerichtshof bereits zum Tode verurteilt und hingerichtet worden. Alexander Schmorell erhielt sein Todesurteil am 19. April und starb am 13. Juli 1943 durch das Fallbeil.

In den nachfolgenden Briefen verabschiedet er sich von seiner Schwester Natascha und von seinem Vater und seiner Ziehmutter. Seine wirkliche Mutter war an Typhus gestorben, als er zwei Jahre alt war.

An die Schwester
München, 2. Juli 1943

Meine liebe, liebe Natascha!

Du hast die Briefe, die ich an die Eltern geschrieben habe, sicher gelesen, sodass Du ziemlich Bescheid weißt. Es wird Dich vielleicht wundern, wenn ich Dir schreibe, dass ich innerlich von Tag zu Tag ruhiger werde, ja, sogar froh und fröhlich, dass meine Stimmung meistens besser ist, als sie es früher in der Freiheit war! Woher das kommt? Das will ich Dir gleich erzählen: Dieses ganze harte »Unglück« war notwendig, um mich auf den wahren Weg zu bringen – und deshalb war es eigentlich gar kein Unglück. Vor allem bin ich froh und danke Gott dafür, dass es mir gegeben war, diesen Fingerzeig Gottes zu verstehen und dadurch auf den rechten Weg zu gelangen. Denn was wusste ich bisher vom Glauben, vom wahren, tiefen Glauben, von der Wahrheit, der letzten und einzigen, von Gott? Sehr wenig! – Jetzt aber bin ich so weit, dass ich auch in meiner jetzigen Lage froh und ruhig, zuversichtlich bin – mag kommen, was da wolle. Ich hoffe, dass auch Ihr eine ähnliche Entwicklung durchgemacht habt und dass Ihr mit mir zusammen – nach den tiefen Schmerzen der Trennung – auf dem Standpunkt angelangt seid, wo Ihr für alles Gott dankt. – Dies ganze Unglück war notwendig, um mir die Augen zu öffnen, – doch nicht nur mir, sondern uns allen, all denen, die es getroffen hat – auch unsere Familie.

Hoffentlich habt auch Ihr den Fingerzeig Gottes richtig verstanden. Grüße alle herzlichst, besonders sei aber Du gegrüßt von Deinem

Schurik

München, den 13. Juli 1943

Meine lieben Vater und Mutter!

Nun hat es doch nicht anders sein sollen und nach dem Willen Gottes soll ich heute mein irdisches Leben abschließen, um in ein anderes einzugehen, das niemals enden wird und in dem wir uns alle wiedertreffen werden. Dies Wiedersehen sei Euer Trost und Eure Hoffnung. Für Euch ist dieser Schlag leider schwerer als für mich, denn ich gehe hinüber in dem Bewusstsein, meiner tiefen Überzeugung und der Wahrheit gedient zu haben. Dies alles lässt mich mit ruhigem Gewissen der nahen Todesstunde entgegensehen. Denkt an die Millionen von jungen Menschen, die draußen im Felde ihr Leben lassen – ihr Los ist auch das meinige. In wenigen Stunden werde ich im besseren Leben sein, bei meiner Mutter, und ich werde Euch nicht vergessen, werde bei Gott um Trost und Ruhe für Euch bitten. Und werde auf Euch warten! Eins vor allem lege ich Euch ans Herz: Vergesst Gott nicht!!!

Euer Schurik

*

Kurt Tucholsky

Kurt Tucholsky kam am 9. Januar 1890 als Sohn jüdischer Kaufleute in Berlin-Moabit zur Welt und entwickelte sich zu einem der meistgelesenen Schriftsteller der Weimarer Republik. Tucholsky war Lyriker und Essayist, Literatur- und Theaterkritiker, Satiriker und Journalist. Dem »kleinen dicken Berliner, der mit seiner Schreibmaschine eine Katastrophe aufhalten wollte« – so 1946 Erich Kästner über Tucholsky –, waren Machtmiss-

brauch und Militarismus zuwider. Berühmt wurde die Auseinandersetzung um seinen Ausspruch: »Soldaten sind Mörder« von 1931. Sensibilisiert für den schon vor der Machtergreifung um sich greifenden nationalsozialistischen Terror zog er 1930 nach Hindås in Schweden.

Tucholsky heiratete zweimal, nahm es mit der Treue dabei jedoch nicht so genau. Zu dem Thema wird gerne ein Spruch seiner ersten Frau Else Weil zitiert: »Als ich über die Damen wegsteigen musste, um in mein Bett zu kommen, ließ ich mich scheiden.« Seiner zweiten Frau Mary Gerold erging es diesbezüglich nicht viel anders. Doch kurz vor seinem Tod, nachdem Tucholsky schon länger von ihr getrennt lebte, wandte er sich ihr wieder zu und erklärte sie zu seiner Alleinerbin.

Am Abend des 20. Dezember 1935 nahm Kurt Tucholsky in seinem Haus in Hindås eine Überdosis Schlaftabletten. Tags darauf starb er in einem Krankenhaus in Göteborg.

In seinem Abschiedsbrief an Mary Gerold, die er gerne in der männlichen Form anschrieb, beklagt Kurt Tucholsky das »ungelebte Leben«.

19. Dezember 1935

Liebe Mala,

will Ihm zum Abschied die Hand geben und Ihn um Verzeihung bitten für das, was Ihm einmal angetan hat.

Hat einen Goldklumpen in der Hand gehabt und sich nach Rechenpfennigen gebückt; hat nicht verstanden und hat Dummheiten gemacht, hat zwar nicht verraten, aber betrogen, und hat nicht verstanden.

Ich weiß, daß Er nicht rachsüchtig ist. Was er damals auf der Rückfahrt nach Berlin durchgemacht hat; was späterhin gewesen ist –: ich habe es reichlich abgebüßt. Ganz klar, so klar wie das Abbild in einem geschliffenen Spiegel, ist mir das ganz zum Schluß geworden. Nun kommt alles wieder, Bilder, Worte [...] und wie ich Ihn habe gehen lassen – jetzt, wo alles vorüber ist, weiß ich: ich trage die ganze, die ganze Schuld.

[...] Und jetzt sind es beinah auf den Tag sieben Jahre, daß weggegangen ist, nein, daß hat weggehn lassen – und nun stürzen die Erinnerungen nur so herunter, alle zusammen. Ich weiß, was ich in Ihm und an Ihm beklage: unser ungelebtes Leben.

Wäre die Zeit normal (und ich auch), so hätten wir jetzt ein Kind von, sagen wir, 12 Jahren haben können, und, was mehr ist, die Gemeinsamkeit der Erinnerungen.

Hat nicht mehr zu rufen gewagt. Hofft, daß Er meiner Bitte auf dem Umschlag entsprochen hat – das andere wäre nicht schön. Ich darf also annehmen, daß, wenn Er dies liest, er nicht ein Glück stört, das ich mir nicht habe verdienen können.

Nein, zu rufen hat nicht mehr gewagt. Ich habe aus leicht begreiflichen Gründen niemals irgendwelche »Nachforschungen« angestellt; ob Er verheiratet ist, hätte man mir sagen können – das andere nicht. Und hat vor allem nicht gewagt, weil Ihn nun noch ein zweites Mal aus der Arbeit und allem nicht hat herausreißen dürfen –: ist krank und kann sich nicht mehr verteidigen, geschweige denn einen andern. Mir fehlt nichts Wichtiges und nichts Schweres – es sind eine Reihe kleiner Störungen, die mir die Arbeit unmöglich machen. Ins Elend, das sicher gewesen wäre, konnte Ihn nicht herausrufen – ganz abgesehen davon, daß ich niemals gehofft habe, ob gekommen wäre. Doch. Hat gewußt.

Wäre Er jetzt gekommen, Er hätte nicht einen andern, aber einen verwandelten, gereifteren gefunden. Ich habe über das, was da geschehen ist, nicht eine Zeile veröffentlicht – auf alle Bitten hin nicht. Es geht mich nichts mehr an. Es ist nicht Feigheit – was dazu schon gehört, in diesen Käseblättern zu schreiben! Aber ich bin au dessus de la mêlée, es geht mich nichts mehr an. Ich bin damit fertig.

Und so viel ist nun frei geworden, jetzt, jetzt weiß ich – aber nun nützt es nichts mehr. Hat anfangs Dummheiten gemacht, den üblichen coup de foudre für 2.50 francs, halbnötige Sachen und hat auch gute Freundschaften gehabt. Aber ich sehe mich noch nach Seiner Abfahrt im Parc Monceau sitzen, da, wo ich mein Paris angefangen habe – da war ich nun «frei» – und ich war ganz dumpf und leer und gar nicht glücklich. Und so ist es denn auch geblieben.

Seine liebevolle Geduld, diesen Wahnwitz damals mitzumachen, die Unruhe, die Geduld, neben einem Menschen zu leben, der wie ewig gejagt war, der immerzu Furcht, nein, Angst gehabt hat, jene Angst, die keinen Grund hat, keinen anzugeben weiß – heute wäre sie nicht mehr nötig. Heute weiß. Wenn Liebe das ist, was einen ganz und gar umkehrt, was jede Faser verrückt, so kann man das hier und da empfinden. Wenn aber zur echten Liebe dazukommen muß, daß sie *währt,* daß sie immer wiederkommt, immer und immer wieder –: dann hat nur ein Mal in seinem Leben geliebt. Ihn.

[...] Hat eine lächerliche «Freiheit» auf der andern Seite vermutet, wo ja in Wahrheit gar nichts ist. Hat immer stiller und stiller gelebt, jetzt ist wie an den Strand gespült, das Fahrzeug sitzt fest, will nicht mehr.

Will Ihn nur noch um Verzeihung bitten.

Ich bin einmal ein Schriftsteller gewesen und habe von S. J. [Siegfried Jacobsohn] geerbt, gern zu zitieren. Wenn Er wissen will, wie sich das bei den Klassikern ausnimmt, so lies den Abschiedsbrief nach, den Heinrich von Kleist an seine Schwester geschrieben, in Wannsee, 1811. Und vielleicht auch blättere ein bißchen im »Peer Gynt« herum, ich weiß nicht, ob wir das Stück zusammen gesehen haben, es ist nicht recht aufführbar. Da kraucht der Held gegen den Schluß hin im Wald herum, kommt an die Hütte, in der dieses Schokoladenbild, die Solveig, sitzt, und sie singt da irgend etwas Süßliches. Aber dann steht da: »Er erhebt sich – totenbleich« – und dann sagt er vier Zeilen. Und die meine ich.

»O – Angst« ... nicht vor dem Ende. Das ist mir gleichgültig, wie alles, was um mich noch vorgeht und zu dem ich keine Beziehung mehr habe. Der Grund zu kämpfen, die Brücke, das innere Glied, die raison d'être fehlt. Hat nicht verstanden.

Wünscht Ihm alles, alles Gute – und soll verzeihen.

Nungo

*

Walter Benjamin

Walter Benjamin, geboren 1892 in Berlin, Sohn eines jüdischen Antiquitätenhändlers, war Philosoph, Schriftsteller und Übersetzer. Nachdem die Nationalsozialisten an die Macht kamen, ging er im März 1933 nach Paris ins Exil und verdiente sein Geld unter anderem mit Arbeiten für das nach New York emigrierte »Institut für Sozialforschung« Max Horkheimers. Er schrieb an seinem »Passagen-Werk« und verfasste den berühmten Essay »Das Kunstwerk im Zeitalter seiner technischen Reproduzierbarkeit«. Die Franzosen steckten ihn nach Kriegsausbruch für mehrere Monate in ein Sammellager für deutsche Flüchtlinge bei

Nevers. Aus der Haft zurückgekehrt, entschloss sich Benjamin 1940 schweren Herzens, in die USA auszuwandern, nachdem ihm Max Horkheimer und Theodor W. Adorno dabei behilflich gewesen waren, ein Einreisevisum zu besorgen. Die Flucht sollte über Spanien und Portugal erfolgen. Doch an der spanischen Grenze erfuhr die Flüchtlingsgruppe, der er sich angeschlossen hatte, dass ihre Transitpapiere mittlerweile ungültig geworden waren. Die einzige Möglichkeit, die blieb, war nachts illegal über die Berge zu gehen, was dem herzkranken Benjamin als ausweglos erschien. Benjamin nahm sich mithilfe von Morphium im Grenzort Portbou in der Nacht vom 26. auf den 27. September 1940 das Leben.

Für Benjamins Selbstmord gibt es keinen Zeugen, nur eine Quelle: einen lediglich mündlich überlieferten Abschiedsbrief an Theodor W. Adorno, den er Henny Gurland, die zu der Gruppe der Flüchtlinge gehörte, mitgab. Dieser Umstand nährt seit jeher die Vermutung, Benjamin sei ermordet worden. Das wurde zuletzt in dem spanischen Dokumentarfilm »Wer tötete Walter Benjamin« (2005) zum Ausdruck gebracht. Den hier abgedruckten Brief hat Gurland, auf der Flucht zunächst gezwungen, ihn zu vernichten, später aus dem Gedächtnis rekonstruiert:

»In dieser ausweglosen Situation habe ich keine andere Möglichkeit, als sie zu beenden. Mein Leben wird ein Ende finden in einem kleinen Dorf in den Pyrenäen, wo mich niemand kennt. Ich bitte Sie, meine Gedanken meinem Freund Adorno zu übermitteln und ihm die Situation zu erklären, in der ich mich gesehen habe. Es bleibt mir nicht genügend Zeit, all die Briefe zu schreiben, die ich gerne geschrieben hätte.«

Heinrich von Kleist

Heinrich von Kleist, geboren 1777 in Frankfurt an der Oder, war ein deutscher Dramatiker, dessen Werke bei den meisten seiner Zeitgenossen auf Unverständnis stießen. Das hatte psychische und finanzielle Schwierigkeiten zur Folge, die sich verstärkten, als die Zeitung, die er für kurze Zeit herausgab, die »Berliner Abendblätter«, 1811 aufgrund verschärfter Zensurbestimmungen der französischen Besatzungsmacht eingestellt werden musste.

Seine Gedanken an einen Freitod wurden immer stärker. Auf seinem letzten Weg begleitete ihn bereitwillig seine gute Freundin Henriette Vogel, die an Gebärmutterkrebs erkrankt war und einem qualvollen langsamen Sterben entgegensah. Am 21. November 1811 erschoss Kleist am Kleinen Wannsee im Südwesten Berlins zuerst sie und dann sich selbst. Seinen letzten Brief schrieb er an seine Schwester Ulrike.

An Ulrike von Kleist,
21. November 1811

Ich kann nicht sterben, ohne mich, zufrieden und heiter wie ich bin, mit der ganzen Welt, und somit auch, vor allen anderen, meine teuerste Ulrike, mit Dir versöhnt zu haben. Laß sie mich, die strenge Äußerung, die in dem Briefe an die Kleisten enthalten ist, laß sie mich zurücknehmen; wirklich, Du hast an mir getan, ich sage nicht, was in Kräften einer Schwester, sondern in Kräften eines Menschen stand, um mich zu retten: die Wahrheit ist, daß mir auf Erden nicht zu helfen war. Und nun lebe wohl; möge Dir der Himmel einen Tod schenken, nur halb an Freude und unaussprechlicher Heiterkeit dem meinigen gleich: das ist der herzlichste und innigste Wunsch, den ich für Dich aufzubringen weiß.

Stimmings bei Potsdam.
d. – am Morgen meines Todes
Dein Heinrich.

*

Werther

Den wohl bekanntesten fiktionalen Abschiedsbrief schrieb Johann Wolfgang von Goethes Werther an die von ihm angebetete Lotte. Der Briefroman »Die Leiden des jungen Werther« erschien 1774 und traf sogleich den Nerv der Zeit, löste Leselust und Moden aus. Bereits wenige Jahre nach der Erstveröffentlichung war er in alle wichtigen europäischen Sprachen übersetzt. Es ist nicht untertrieben zu sagen, dass im auslaufenden 18. Jahrhundert ein ganzer Kontinent mit Werther litt.

Der Roman hat zweifellos autobiografische Züge. Die Figur der Lotte beruht zum einen auf Charlotte Buff, die Goethe 1772 als Rechtspraktikant in Wetzlar kennengelernt hatte, und zum anderen auf Maximiliane von LaRoche, der Tochter eines Darmstädter Freundes. In beide war Goethe verliebt gewesen, in beide vergebens. Ein weiterer Auslöser für das Schreiben des Romans war das Schicksal von Karl Wilhelm Jerusalem, der sich in Wetzlar erschoss, weil er wegen der unglücklichen Liebe zu einer verheirateten Frau nicht mehr leben wollte. Goethe kannte Jerusalem aus seiner Studienzeit und war über seinen Tod erschüttert.

Auch der Werther im Roman begeht Selbstmord. In seinem letzten Brief an Lotte erklärt er sich ihr noch einmal.

… Daß ich des Glückes hätte teilhaftig werden können, für D i c h zu sterben! Lotte, für D i c h mich hinzugeben! Ich wollte mutig, ich wollte freudig sterben, wenn ich Dir die Ruhe, die Wonne Deines Lebens wiederschaffen könnte. Aber ach! Das ward nur wenigen Edeln gegeben, ihr Blut für die Ihrigen zu vergießen und durch ihren Tod ein neues, hundertfältiges Leben ihren Freunden anzufachen.

In diesen Kleidern, Lotte, will ich begraben sein, Du hast sie berührt, geheiligt; ich habe auch Deinen Vater darum gebeten. Meine Seele schwebt über dem Sarge. Man soll meine Taschen nicht aussuchen. Diese blaßrote Schleife, die Du am Busen hattest, als ich Dich zum ersten Male unter Deinen Kindern fand – O küsse sie tausendmal und erzähle ihnen das Schicksal ihres unglücklichen Freundes. Die Lieben! Sie wimmeln um mich. Ach, wie ich mich an Dich schloß! Seit dem ersten Augenblicke Dich nicht lassen konnte! – Diese Schleife soll mit mir begraben werden. An meinem Geburtstage schenktest Du sie mir! Wie ich das alles verschlang! – Ach, ich dachte nicht, daß mich der Weg hierher führen sollte! – Sei ruhig! Ich bitte Dich, sei ruhig! –

Sie sind geladen – Es schlägt zwölfe! So sei es denn! – Lotte! Lotte, lebe wohl! Lebe wohl!

Kapitel 3

Goodbye my love – Abschied von der Liebe

»Kannst du noch möglich machen, einmal mit mir zu essen u. zu lachen. Wenns abends nicht geht, auch Lunch?«

Erich Maria Remarque

Sibylle Berg
Einfach weitergehen

Lebensentwürfe gibt es, die nachzuvollziehen nur mit größter Mühe gelingt. Erwachsene Menschen stehen nach zwanzig, dreißig gemeinsam verbrachten Jahren voreinander, und dann sagt einer Sätze wie: »Du, es ist einfach so passiert. Ich konnte mich nicht dagegen wehren. Ich habe doch auch ein Recht darauf, glücklich zu sein!!!!!!«

Die Sätze meinen: Ich habe mich verknallt, die Hormone rauschen noch einmal so richtig fett durch meinen Körper. Hurra, ich hab noch einmal eine Erektion gehabt! Jippi, mir ist es gekommen! Und jetzt mal tschüss. Dann packen sie ihr Köfferchen, »du hörst von meinem Anwalt«, und schlagen die Tür noch nicht einmal zu.

Immer, wenn ich so eine Geschichte höre oder lese, werde ich ganz starr vor Elend.

ICH VERSTEHE DAS NICHT!!

Gehen wir von einer normalguten, normalfreundlichen Beziehung aus, einer, in der man miteinander redet, wenn auch nicht ununterbrochen, in der man lacht und gemeinsam einschläft, in der man dem Verfall des anderen nicht unbedingt jubilierend, so doch gutmütig beiwohnt. Eine Beziehung, in der man sich nicht verspannt, die meisten Geheimnisse des anderen kennt, seine blöde Verwandtschaft und seine Angewohnheiten. Vielleicht waren da Kinder mit Krankheiten und Sorgen, und die Steuer war zu hoch, und die Haare fielen aus. Da waren Erkältungen und Darmgrippen, versaute Urlaube und nervende Nachbarn. Alles haben sie zusammen ausgehalten, ausgestanden. Wie kleine Tiere in einer Höhle wird man da doch, in dieser Vertrautheit, die nur durch ständige Berührung unserer schlecht durchbluteten Haut entsteht.

Und dann: Ich habe mich verliebt, es ist einfach so passiert. Blöder geht es ja nicht. Keinem passiert verlieben einfach so, das muss man doch wollen und zulassen. Ähnlich dämlich sind Frauen, die sich in verheiratete Familienväter mit fünf Kindern verlieben und dann sagen: Ich konnte mich nicht dagegen wehren. Madame-Bovary-Quatsch.

Natürlich schlafen in uns allen genetische Programmierungen, die nach Paarung schreien. Natürlich sieht man immer wieder einen netten Menschen, einen potentiellen Partner. Vielleicht verliert man sich mithin in erregenden Gesprächen, von denen man glaubt, sie so lebendig noch nie vorher erlebt zu haben. Aber darum einen Menschen verraten, mit dem man sein halbes Leben verbracht hat? Was bleibt von dem noch so attraktiven, noch so anregenden neuen Gegenüber nach zehn Jahren?

Sieht man so jemanden und ist in einer Beziehung oder weiß, dass der andere in einer ist, dann geht man doch einfach flott und angemessen seiner Wege. So einfach ist das. Aber, nix da, weggegangen wird nicht bei den Leutchen, von denen hier die Rede ist. Die bleiben fein sitzen, und dann überkommt es sie. Die große neue Liebe, der ganze Kitsch.

Sicher, sicher, jeder Mensch aktiviert andere Teile unseres Charakters. Der eine lässt uns wild sein, intellektuell, der andere kindisch und albern, ernst oder oder … Möglich, dass so ein neuer potentieller Partner einem das Gefühl gibt, eine Seite zu aktivieren, von der wir selbst glaubten, sie sei nicht vorhanden. Das macht lebendig fühlen, und lebendig fühlen heißt sich jung fühlen. Denn wem macht es schon Spaß, die Vergänglichkeit zu akzeptieren?

Die Statistik spricht vom Grauen in unseren Köpfen. In jeder zweiten Beziehung, in die ein anderer Mensch eindringt, siegt das Neue. Da wird verlassen, betrogen, da wird die Idee, dass jeder austauschbar ist, zur Gewissheit – und außer Acht gelassen, dass eine Beziehung doch nur ein Viertel unseres Lebens ausmacht. Sie ist wichtig für die Geborgenheit, das familiäre Wohlgefühl. Den Versuch, gegen die Endlichkeit anzugehen, könnte man doch wundervoll in den drei anderen Bereichen, Beruf, Wohnort oder Freundeskreis, austoben. Man könnte sich endlich den Beruf suchen, den man schon immer wollte, Abenteuerurlaub machen, ein Studium beginnen oder sich der Verfeinerung seines Charakters widmen.

Doch das ist zu kompliziert, nicht lustvoll genug, die Resultate nicht rasch erhältlich. Also machen die meisten das, was einen schnellen Effekt hat: eine Affäre, eine neue Liebe, das alte Leben scheinbar hinter sich lassen.

Was glauben die denn, wie viele Leben sie noch haben? Die unangenehme Wahrheit ist: Man kann den Partner sitzenlassen, den man kennt, in all seiner Langweiligkeit, mit seinen Falten und seinen Gerüchen, doch auch der neue Mensch wird das Müffeln beginnen, nach einigen Jahren. Da wird es nicht mehr erregend sein, ihn in Unterhosen zu sehen und seinen Geräuschen zu lauschen. Der Alltag kommt. Und wird er wirklich so anders und besser sein?

Das könnten sie sich überlegen, die Leutchen, in diesen Sekunden, bevor sie sich entscheiden, sitzenzubleiben statt zu gehen. In den Minuten, bevor es sie überkommt, das große neue wilde Gefühl, gegen das man so machtlos ist. Alles wird bleiben, wie es war. Nur vielleicht schlechter.

Erich Maria Remarque

Erich Maria Remarque wurde als Erich Paul Remark 1898 in Osnabrück geboren und starb 1970 in Locarno. Sein Leben als Schriftsteller ist markiert von einem Wendepunkt: dem Erscheinen seiner zum Roman verarbeiteten Weltkriegserinnerungen »Im Westen nichts Neues« (1929). Das pazifistische Buch wurde ein Bestseller, Remarque weltweit zum gefeierten Autor. Die Nationalsozialisten dagegen beschuldigten ihn der Verunglimpfung des deutschen Soldaten und ließen seine Bücher 1933 verbrennen. Remarque war bereits 1932 in die Schweiz emigriert, 1939 ging er in die USA. Noch in Europa hatte er 1937 Marlene Dietrich am Lido in Venedig kennengelernt. Eine glamouröse Interkontinental-Affäre zwischen Beverly Hills und Remarques Refugium in der ehemaligen Villa des Schweizer Malers Alfred Böcklin am Lago Maggiore nahm ihren Lauf. Sie währte keine drei Jahre – schon 1938 hatte Dietrich in Hollywood die Bekanntschaft Jean Gabins gemacht und kam 1940 schließlich mit ihm zusammen. Das hielt Remarque nicht davon ab, Dietrich weiterhin mit Briefen zuzudecken: Die beiden nachfolgenden aus dem Jahr 1946 – Dietrichs Beziehung mit Gabin war gerade zerbrochen – zeigen den tröstenden Freund, aber auch den ehemaligen Liebhaber, dem noch immer verletzter Stolz anzumerken ist, und den phantasievollen Verführer, der in der erfundenen Figur des kindlichen Alfred Sehnsüchte auszudrücken und das Herz Dietrichs zu erweichen suchte.

Erich Maria Remarque in New York,
[Anfang 1946]

An Marlene Dietrich in Paris

Ich wollte dir wirklich schreiben, denn ich fühlte, daß du irgendetwas brauchtest, eine Illusion, einen Ruf, eine Ecke Phantasie, ein paar Kaiserglocken und Chrysanthemen und Schmetterlingsflügel in den trockenen Gemüsegarten der Hyperboräer, unter denen du lebst –

ich wollte es, und ich saß nieder, und ich versuchte es, und ich rief in die Vergangenheit, – und es kam keine Antwort.

Es war da, etwas, manchmal, verworren, es wehte wie von Taubenflügeln, zärtlich neigte sich für Augenblicke ein Antlitz aus dem silbernen Zwielicht gelebter Himmel, man griff danach, es zu halten, wieder zu halten und es zu befragen –

und dann zerfiel es, lautlos, gespenstisch, – bevor es leuchten konnte, wurde es graues, kahles Gewebe, brüchiger Zunder, Staub, rasch verrieselnd, und stattdessen kamen triviale Bilder aus der Hegira in der Hollywooder Idiotie, blechernes Gelächter – und Scham.

Es kann doch nicht sein! Es kann doch nicht sein, daß du, und die Zeit mit dir, und wenigstens die Zeit in Paris (und an der Küste)? aus meinem Leben gefallen sind wie ein Stein. Es muß doch etwas geblieben sein, es kann doch nicht alles übertönt und vermischt u. verwischt und verdorben sein durch diese trübe Verwandlung in Hollywood! Du warst doch einmal mehr, bist du es noch?, du kannst doch nicht ganz eine Radfahrerbraut geworden sein, es müssen doch mindestens noch Erinnerungen geistern, wo ist die Nike, wo sind Pan und die Päane der

Meeressommer geblieben, warum echot es nicht, warum ist so gar keine Antwort, hast du es so zerschlagen?

Ich wollte das nicht. Ich wollte es nicht. Sollen wir nun dastehen wie Reinhart u. Elisabeth in »Immensee« und fragen: »Unsere Jugend – wo ist sie geblieben?«

Verfallen, verfahlt, vergessen, verbraucht, zerstört, – ich spreche nicht von meinem Leben, es ist weitergegangen, es ist gut geworden, es hat die Jahre der Scham in Hollywood abgeworfen, es ist reicher geworden und seine Träume sind gereift, – ich spreche von diesem Stück Vergangenheit, das so schaurig unwirklich geworden ist, als habe man es nur irgendwo einmal gelesen.

Du hast nicht gelebt. Vielleicht war es das. Du hast so entsetzlich nicht gelebt in all diesen letzten Jahren, du warst so weggeworfen in eine tote Bürgerlichkeit, daß schließlich nur das noch wirklich erschien und das andere wie etwas, das man sich selbst zurechtgeträumt hatte.

Du bist nicht schuld daran. Nur ich. Ich hatte – damals – zu hoch geträumt. Du hast sicher richtig gelebt, gut gelebt, so wie du es wolltest, wie es zu dir paßte, sonst wärest du ja nicht da geblieben, wo du warst. Ich habe dich zu etwas machen wollen, was du nicht warst. Das muß es sein. Deshalb kommt keine Antwort.

Das ist keine Kritik. Es ist nur Suchen danach, weshalb aus dem Raunen der Vergangenheit so wenig sich formen will. Ach, ich wollte, es wäre mehr! Ich wollte es so sehr! Es ist doch ein Stück unwiederbringliches Leben gewesen, das wir zusammen gehabt haben, du warst doch in den Gärten Ravics, es hat doch einmal geklungen, und Süße war da und Mittag und der lautlose Donner der Liebe.

Ich sollte diesen Brief nicht abschicken. Ich will dich nicht traurig machen. Ich will keine Meteore in dein

Leben werfen, keine Vergangenheitsfackeln, keine Unruhe. Ich kenne dich so wenig nur noch. Es sind schon so viele Jahre her.

Alfred, ich habe ihn gerufen, steht neben mir. Er will dir etwas sagen.

»Wozu bißt du vortgegangen? Eß wahr doch schön.«

Da steht es. Er weiß es nicht besser. Er meint es nicht als Vorwurf. Er hat es längst begriffen. Er ist nur sentimental und jung und vergißt noch nicht so bald.

Deine Briefe waren traurig. Ich hoffe, es waren nur Augenblicke, und sie sind längst vorbei. Gott hat dich so sehr gemacht, damit du Begeisterung in andere Leben wehen solltest. Du mußt es doch noch können. Gib nicht auf. Wir haben nur ein Leben, es ist kurz, u. man hat versucht, oft genug, uns was davon wegzunehmen. Es sind noch Jahre da, blau, in der Zukunft, u. man ist nie am Ende. Du hast Arbeit vor dir, gute, wie ich höre, u. du hast immer mehr Mut gehabt als ein ganzes Regiment. Ich wünsche dir so sehr, daß du das hast, was du brauchst, – u. wenn du es nicht hast, wirst du es wiederfinden.

Alfred schickt dir eine Feder. Nicht von Jusufs Falken, – von einer Taube, die er im Central Park gefunden hat. Es ist etwas zum Fliegen, sagt er. Gut. Fliege! Immer, wenn man glaubt, wir seien ganz erledigt, kommen wir plötzlich irgendwoher ganz heil u. munter u. frech wieder hervor. Wenn Kolpe da ist, grüß ihn. Er muß doch manchmal furchtbar mit dir gelacht haben! So wollen wir.

Erich M. Remarque in New York
[nach Mai 1946]

An Marlene Dietrich in New York

Engel, ich glaube du hast kein deutsches Expl. von unserm Buch, – deshalb schicke ich dir dieses – es ist voll von Druck- u. Tippfehlern etc., – weil ich einfach das letzte getippte Skript nicht noch einmal durchkontrollieren konnte. Konnte es nicht mehr sehen! Irgendwann gehe ich heran u. bringe das, was mir nicht gefällt, in Ordnung –

Umarmt –
R.

Kannst du noch möglich machen, einmal mit mir zu essen u. zu lachen. Wenns abends nicht geht, auch Lunch?

*

Michael M.

»Berlin war die Stadt, in der wir uns trafen, I. und ich. Er war süße 19, ich 21 Jahre alt. Für ihn gab es bisher nur die Liebe zu Gott (Allah), traditionell geformt von seiner Familie. Immer im Kampf mit sich selber und der Religion im Nacken hat er sich Hals über Kopf in mich verliebt. Schwul? Wie geht das? Sind doch liberale muslimische Gruppen rar gesät und ist Homosexualität im Koran eine Sünde. Er war also ungeoutet, hilflos, wehrlos – aber mit großem Stolz ausgestattet, wie es bei Südländern üblich ist.

Ich war anfangs skeptisch, zu Recht, wie sich am Ende herausgestellt hat. Auch wenn ich mich nach zwei Monaten Beziehung richtig auf ihn eingelassen hatte, musste ich schmerzlich erfahren, was es heißt, mit jemandem zusammen zu sein, dessen Umfeld extreme Scheuklappen trägt. Nicht nur einmal habe ich mir eine blutige Nase oder blaue Augen geholt, weil seine Brüder auf ihn losgehen wollten. Nicht nur einmal standen zwielichtige Gestalten vor meiner Haustüre, haben mich bedroht und bespuckt. Alles habe ich ertragen. Aus Liebe.

Was ich nicht ertragen habe, waren fortwährende Zweifel an meinen Gefühlen, das ›Immer-mehr-wollen‹ und nie genug bekommen.

Warum strebt das Wesen Mensch immer nach mehr? Wie ein gefräßiges Raubtier schleicht es sich an, fletscht die Zähne und macht dir Angst. Und du sollst die Füße stillhalten und es nicht verletzen? Am Ende steht das ›Fressen oder gefressen werden‹. Am Ende sind wir wieder allein. Und wir dürfen wieder egoistisch sein. Wir waren zwölf Monate zusammen. Es gab auch schöne Momente.«

12. August 2005

An I.,
Und was geschehen ist.

Es heißt, Gegensätze ziehen sich an. Wer hat solch einen Unfug eigentlich in die Welt gesetzt? Wir suchen uns selbst im anderen, suchen jemanden, der unsere Schwächen kaschiert und unsere positiven Eigenschaften hervorhebt. So funktioniert der Mensch eben in seinem Grundmuster.

Bei uns war alles anders – ganz von Anfang an. Und das weißt du. Vordergründig unsere verschiedenen Religionen haben den Keil zwischen uns immer tiefer in das Fleisch gebohrt, bis es getrennt war. Bis es genug war. Genug Kleinigkeiten, die immer wieder aufkamen – die man immer wieder geschluckt hat. Anfangs war es süß zu sehen, wie du dich gegen alles Europäische gewehrt hast. Ich dachte, es sei so etwas wie meine leicht antiamerikanische Haltung, in der man mal auf eine Demo geht oder darauf achtet, keine amerikanischen Produkte im Supermarkt zu kaufen. Weit gefehlt.

Du liebst mich. Ich weiß es. Auf der einen Seite tust du das, raubst mir die Luft zum Atmen, willst mich ganz für dich haben, bist eifersüchtig, wenn ich über andere Männer rede. Ja, sogar, wenn ich einfach mal mit Freunden einen trinken gehen möchte. Du willst jede Kleinigkeit ausdiskutieren, wenn ich meine Ruhe haben will. Alles totreden, was schon hundertmal besprochen und ausgemacht wurde. Du bist unsicher, dass ich dich liebe? Junge! Ich nutzte jede Gelegenheit, dich vom Gegenteil zu überzeugen. Aber verstehe, ich brauche Zeit für mich. Zeit, dich zu vermissen. Abstand.

Auch ist für mich ein tägliches »Ich liebe dich« nicht von Not. Es sind besondere Worte. Worte, die man fühlen muss, um sie zu sagen. Der Moment muss da sein. Wie soll ich fühlen, wenn du mich einschränken oder verbiegen willst? Es geht um Kompromisse, Baby. Schlimm genug, aber machbar. Liebe funktioniert so – den anderen zu nehmen, wie er ist. Und wenn das Gefühl da ist, bewegt man sich von ganz allein auf den anderen zu. Ganz ohne Druckmittel oder Heul-Attacken.

Apropos: Tränen als Druckmittel zu verwenden mag temporär ganz sinnvoll sein, ist auf Dauer aber nervtötend und lästig. Wie soll ich dich trösten, wenn ich denke

»Nicht schon wieder diese Leier«? Wie ein Kind, das keinen Lolli bekommt, liegst du vor mir und weinst. Nur weil du nicht akzeptierst, wie ich bin. Freiheitsliebend, wild, rebellisch und manchmal sogar ein ganzer Mann. Ich beschützte dich. In aller Form. Wenn du von deinen ach so liebevollen Brüdern Schläge angedroht bekamst, habe ich mich vor dich gestellt und Prügel eingesteckt. Ich half dir, dich mit deinen Gefühlen zurechtzufinden, die immer im Clinch mit deinem Glauben lagen. Wenn alle Stricke gerissen sind, habe ich dich umarmt, war für dich da, habe dir die Tränen weggewischt und Mut zugesprochen.

Du kennst mich. Ich habe dir nie etwas vorgemacht. Ich bin ein Einzelgänger. Ich brauche Zeit für mich selbst. Nicht nur ein paar Minuten. In dieser Zeit ging ich nie fremd oder habe mich anderweitig »schuldig« gemacht. Wieso auch? Ich hatte ja dich, und du warst mehr als genug. More to love. Und wie ich dich liebte. Aber eben auf meine Art und Weise …

Doch das hast du leider nie kapiert.

Meine Gefühle für dich sind nahezu tot. Ich habe mir die letzten Monate sehr viele Gedanken gemacht. Gedanken, wie ich dich am besten loswerde. Ich habe Angst. Angst, dass du mir ein Messer in den Rücken rammst, wenn ich dich verlasse. Dass du dir selbst etwas antun könntest oder dass du ein paar deiner peinlich bulligen Freunde vorbeischickst. Das alles beschäftigt mich.

Wann aber, wenn nicht jetzt?

Ich schicke dich auf kalten Entzug. Das war's.

Danke für einen erhellenden Winter.

Allaha ismarladik, mein türkischer Freund.

M.

Lew Tolstoi

Lew Nikolajewitsch Graf Tolstoi, geboren 1828 auf dem Gut Jasnaja Poljana, gestorben 1910 in Astapowo, zählt zu den größten Schriftstellern der Weltliteratur. Zu seinen berühmtesten Werken zählen das großangelegte Epos »Krieg und Frieden« (1868/69) und der Roman »Anna Karenina« (1877). 1862 heiratete er Sofia Andrejewna Bers und hatte mit ihr insgesamt dreizehn Kinder. Tolstois Denken und Werk wurden im Alter zunehmend bestimmt von einer religiösen Sinnsuche. Das ging so weit, dass ihn der Gegensatz zwischen seinem Familienalltag und seinen Einsichten in die Notwendigkeit eines einfachen, frommen Daseins zunehmend belastete. 82-jährig beschloss er daher einen radikalen Schnitt, nämlich sein Zuhause zu verlassen, sich von Frau und Kindern abzusetzen und auf Reisen zu gehen. Auf dieser Flucht vor dem Familienleben ereilte ihn der Tod. In einem Abschiedsbrief erklärte er sich seiner langjährigen Ehefrau.

Meine Abreise wird Dich betrüben. Das bedauere ich, aber begreife es, und glaube mir, dass ich nicht anders handeln konnte. Meine Lage im Hause wird unerträglich, ist es schon geworden. Abgesehen von allem Schlechten kann ich nicht länger unter den luxuriösen Bedingungen leben, unter denen ich gelebt habe, und ich tue, was alte Leute in meinen Jahren für gewöhnlich tun: Sie gehen fort aus dem weltlichen Leben, um in Zurückgezogenheit und Stille ihre letzten Lebenstage zu verbringen.

Bitte, versteh das und reise mir nicht nach, wenn Du erfährst, wo ich bin. Deine Ankunft würde nur Deine und meine Lage verschlechtern, aber nichts an meinem Entschluss ändern. Ich danke Dir für Dein getreues, achtundvierzig Jahre langes Leben mit mir, und ich bitte

Dich, mir alles zu verzeihen, womit ich mich vor Dir schuldig gemacht habe, ebenso wie auch ich Dir von ganzem Herzen alles vergebe, womit Du Dich vor mir schuldig gemacht haben könntest. Ich rate Dir, Dich mit der neuen Lage, in die Dich meine Abreise bringt, abzufinden und keine unguten Gefühle gegen mich zu hegen. Wenn Du mir etwas mitteilen möchtest, kannst Du es über Sascha tun, sie wird wissen, wo ich bin, und lässt mir zukommen, was nötig ist; sagen, wo ich bin, kann sie Dir jedoch nicht, weil ich ihr das Versprechen abgenommen habe, es niemandem zu sagen.

Lew Tolstoi

28. Oktober 1910

*

Matthias E.

»Ein Abschiedsbrief, geschrieben und abgeschickt direkt nach der Trennung. Kurzbeschreibung: Sie hat mich gestern einfach so, ohne Ankündigung und Emotionen, stehengelassen.«

8. März 2007

Luzei,

wie soll ich anfangen? Was will ich eigentlich sagen? Mein Kopf ist eine reine Trümmerwüste, in dem ein Krieg herrscht von ungeheurer, destruktiver Kraft, Wirrwarr, Gedankenblitzen, Leere, Angst, Wut und Traurigkeit. Wenn ich gegessen hätte, müsste ich kotzen.

Draußen, im befriedeten Land, in der fröhlichen Welt merkt aber niemand etwas davon. Und wer von dem Krieg in meinem Land doch in nächster Zeit erfährt, wird vielleicht ein mitleidiges Gesicht machen, mir auf die Schulter klopfen, mir sagen, dass auch wieder Frieden kommt, und danach weitertanzen. Das ist nicht besonders schlimm. Denn wer draußen steht, kann ja nie wirklich beurteilen, wie es drinnen ist. Schlimmer, ja, das Allerschlimmste ist, wenn man verloren hat. Trotz neuer Rüstung, Kanonen, Verteidigungs- und Angriffsplänen. Und einer großen Verbündeten, die ihr Wort gegeben hat, zu helfen und verlässlich zu sein. Gegen den heimlichen, leisen, durchtriebenen und unbarmherzigen gemeinsamen Feind. Aber ohne zu zögern hast du die Seiten gewechselt, weil nicht sicher war, ob wir gewinnen können. Ohne einmal wirklich dein Schwert mit aller Kraft zu schwingen, dabei zu schreien und wirkliche Leidenschaft zu zeigen, hast du schon bei den Spähern, den leichtbewaffneten Vortrupps des Feindes Zweifel und Angst bekommen. Weil ein paar Kratzer deine Rüstung zierten. Du hast mich und uns, ohne ein Wort zu sagen, gemein verraten und alleingelassen.

Aber: das ist durch meine Brille gesehen. Ich habe keine andere. Vielleicht bist du ja auch nur von der bösen auf die gute Seite gewechselt. Wer kann das schon (du würdest jetzt »objektiv« hinzufügen) sagen!? Oder vielleicht hast du auch mit deinen, für mich unsichtbaren Waffen wie eine Löwin gekämpft. Vielleicht bist du ständig nachts auf verschlungenen Wegen zum Feind und hast in stiller Diplomatie alles versucht, um diesen Krieg zu verhindern? Vielleicht. Aber dabei musst du sehr, sehr leise, vorsichtig und diplomatisch gewesen sein. Womöglich so leise, vorsichtig und diplomatisch, dass dich nicht einmal der Feind selbst wahrgenommen hat …

Liebe E., liebe – das letzte Mal – Luzei! Ich wünsche dir wirklich eine gute, neue, aufregende und vor allem glückliche Zeit. Auch nach einer rosa-roten-Verliebtheitsphase. Ich wünsche dir jemanden, der dir das Gefühl geben kann, dass er dich versteht, und dem gegenüber du dich so zeigen und öffnen kannst, wie du wirklich bist. Mit dem du die ganze Zeit lauthals lachen kannst und der dich fasziniert. Den du niemals loslassen willst, weil er dich ganz und gar durchdrungen hat. Von dem du das Gefühl hast, er ist tatsächlich deine zweite Hälfte. Und der viel darum geben würde, mit dir gemeinsam alt zu werden. Ich wünsche dir jemanden, der deine Fehler und Unzulänglichkeiten annimmt, akzeptiert und im besten Falle auch liebgewinnt. Und ich wünsche dir jemanden, der die Kraft, den Halt und die Ausstrahlung hat, in dir das zu verändern, was du selbst von dir verlangst und vielleicht allein niemals schaffen wirst. Ich habe es jedenfalls versucht.

Adieu,
Matthias

*

Gregor W.

»Die beiden Briefe sind kurz hintereinander entstanden, richten sich aber an zwei verschiedene Frauen. Damals habe ich in Ludwigshafen gelebt und in Mannheim gearbeitet.

Nach meinen Nachtschichten bin ich am Morgen oft zu der beschriebenen Prostituierten gefahren, einer Frau, mit der mich sehr schnell viel mehr verband als nur die Beziehung zwischen einer ›Hure‹ und ihrem Freier. Das fing schon damit an, dass wir feststellten, unweit voneinander aufgewachsen zu sein, und endete damit, dass wir uns morgens um acht Uhr schon trafen, um ja genügend Zeit füreinander zu haben. Es ging dabei nicht ausschließlich um Sex. Wir wurden uns sehr vertraut, ohne dass wir jemals nach den weiteren Lebensumständen des anderen gefragt hätten. Alles, was wir voneinander kannten, waren unsere Vornamen und der Ort, an dem wir uns treffen konnten. Das war eben der Rahmen, innerhalb dessen wir uns begegnen konnten. Natürlich haben wir viel geredet, über dies und jenes, über Gott und die Welt. Wir haben uns vorgelesen aus unseren Lieblingsbüchern und haben uns gegenseitig ›unsere‹ Musik vorgespielt.

Natürlich haben wir auch miteinander gevögelt. Ich verfügte damals nicht über viel Erfahrung im Hinblick darauf, für Sex zu bezahlen, und das ist bis heute auch so geblieben. S. hatte mir zum Abschied (nachdem ich das erste Mal bei ihr gewesen war) prophezeit, dass ich wiederkommen würde. Ich kam wieder. Die ersten beiden Besuche bei ihr habe ich wie jeder andere Freier auch ihren Dienst bezahlt. Danach hat S. darauf bestanden, mein Geld nicht anzunehmen und dafür, wenn überhaupt, irgendetwas Nettes, eine Kleinigkeit mitgebracht zu bekommen. Was mehr könnte ich dazu noch schreiben?

*P. und ich wiederum haben uns endlos viele Mails geschrieben. Ich selbst hatte ihr irgendwann einmal eine Homepage mit meinen Gedichten gewidmet. Und Abschiedsbriefe gab es nicht nur einen. Wir haben uns inzwischen tatsächlich getrennt, und das ist noch gar nicht so lange her. Kennengelernt haben wir uns auf einer Single-Site. Das ging alles sehr hurtig vonstatten, nach ein paar wenigen kurzen Mails trafen wir uns schon zum ersten Mal. Ich weiß noch, dass sie schrieb: ›Bring deine Zahnbürste mit *lach*‹. Jedenfalls blieb ich bis zum nächsten Morgen, und von da an waren wir mit kurzer Unterbrechung drei Jahre lang ein Paar.«*

Mein lieber, geliebter Schmetterling,

es ist viel geschehen in den Jahren. Vieles war gut, einiges weniger gut, manches war geradezu unerträglich. Trotzdem hatte ich immer gehofft und daran geglaubt, dass unsere gemeinsame Geschichte niemals zu Ende gehen würde. Aber das denken wir wohl alle, wenn wir uns einmal zusammentun und glauben, dass es einen gemeinsamen Weg gäbe, den man zu Ende gehen könne. Sicherlich gibt es geborene Zyniker und Nihilisten unter uns, die an gar nichts glauben, auch nicht an die Liebe. Andere werden es vielleicht erst im Laufe ihres Lebens, wenn sie genügend Menschen kennengelernt und genügend gemeinsame Geschichten erlebt haben. Sie kommen buchstäblich auf den Hund.

Wäre Rudi nicht so blöde gewesen und hätte Schneckengift gefressen, dann wäre ich wohl heute noch mit ihm zusammen und nur der Tod hätte es vermocht, uns zu trennen, und das ganz ohne Altar und Trauring. Hunde sind wesentlich weniger anstrengend als Frauen, sie stellen nicht so viele Ansprüche, und man hat ihnen gegenüber nicht immer und immer wieder das Gefühl, auf allen Ebenen zu versagen, vor allem nicht im sexuellen Bereich. Und man muss ihnen keine Blumen mitbringen, um ihnen glaubhaft zu machen, dass man sie liebt.

Sieh nur, ich habe dich geliebt. Ja, das habe ich. Geliebt wie nie einen anderen Menschen zuvor. Das behaupten wir allerdings immer, und alle. Trotzdem habe ich immer so empfunden. Auch in diesem Augenblick empfinde ich noch immer so. Aber ich weiß, dass unsere gemeinsame Geschichte hier enden muss. Wohin ich gehe, was ich machen werde, das weiß ich nun wirklich nicht. Im

Übrigen weiß das keiner von uns, und das ist auch ganz unerheblich.

So merkwürdig unsere erste Begegnung heute erscheint, so merkwürdig ist auch das Ende unserer Geschichte. Schließlich war ich immer der, der behauptet hat, dass man eine Geschichte, eine Beziehung nicht beenden kann, wenn sie definitiv noch nicht beendet ist. Dies habe ich immer an unserer Gefühlswelt festgemacht, an dem, was wir füreinander empfinden.

Ich schrieb bereits, dass ich dich noch immer liebe. Aber das ändert einfach nichts mehr daran, dass unsere Beziehung nicht mehr weiter lebbar ist. Ich kann einfach nicht mehr, kann es einfach nicht mehr ertragen, dass ich weiß, dass du mit anderen Männern ins Bett gehst, dass du mit ihnen tust, was du mit mir tust. Ich weiß nicht, wie ich das die ganze Zeit über ertragen habe. Ich habe einfach Angst, es passiert das, was zwischen uns passierte, als ich zum ersten Mal in dein Etablissement kam. Wie kann man sich nur in eine Hure verlieben?

Du hättest mir niemals Einlass in dein Herz gewähren sollen. Vielleicht hast du dies auch nie wirklich getan, und ich Weißbrot habe das nur nicht bemerkt. Damit hausieren bin ich gegangen und habe Konstantin Wecker zitiert, weil ich so stolz auf mich gewesen war: »Ja, Freunde, ja, ich liebe diese Hure.«

Heute frage ich mich, ob ich den Gedanken, dass du jeden Tag mit soundsoviel Männern ins Bett gestiegen bist, jemals ertragen habe, oder ob mir dieser Umstand nicht langsam, aber unweigerlich das Hirn und mein Herz zerfressen hat. Es ist aber auch gleichgültig, was ich ertrage oder nicht ertrage. Die Geschichte ist hier zu Ende. Ich werde nicht wiederkommen. Ich möchte auch nicht, dass wir weiterhin in Kontakt zueinander treten, weder miteinander telefonieren, noch uns schreiben.

Aber eines will ich dann doch noch, und zwar mich bedanken für eine wundervolle Zeit, die wir miteinander hatten. Du weißt, ich kann und ich werde dich niemals vergessen. Du warst ein sehr wichtiger Mensch für mich, und du hast mir mehr gegeben, als jede Frau zuvor.

Dies gilt natürlich nicht nur für den sexuellen Bereich (lach). Nein, ich habe dich wirklich geliebt, wie keine zuvor, und ich liebe dich auch jetzt noch für das, was du bist, diesen Menschen, diese Frau. Aber ich kann hier einfach nicht weiter.

Mein Misstrauen zerfrisst mich innerlich, und ich weiß, wie schwer es für dich zu ertragen ist.

Ich habe keine Wahl, und mir bleibt nicht mehr, als dir zu wünschen, dass du findest und erhalten kannst, was du wirklich brauchst.

And please do not forget all my songs for you.

Gregor

Neee, Peee,

ich habe nicht geschlafen, sondern einfach nur so vor mich hingedöst, weil ich a) den Film nicht sehen wollte, ihn nicht verstanden habe, mich nicht darauf konzentrieren konnte, und b) einfach auch schon wieder völlig fertig war von der Nacht zuvor. Ich hätte auch ganz gerne mit dir geschlafen oder auch nur Zärtlichkeiten mit dir ausgetauscht, aber es war schon auch so, dass du, nachdem du gekifft hattest, von mir abgerückt bist und mich auch nicht mehr berührt hast. Wir tauschen jetzt die Rollen. Jetzt habe ich immer das Gefühl, das geht NUR von mir aus, da kommt nix mehr von dir in dieser Hinsicht. Vielleicht ist das falsch, aber es ist unerheblich, weil das Gefühl eben bleibt. Und nach allem, was du in letzter Zeit so geäußert hast, fällt es mir unheimlich schwer, mir darüber klarzuwerden, was du eigentlich willst, was du wirklich empfindest. Ich glaube nicht mehr, dass du mich nur liebst, sondern mich in einem gewissen Sinne auch hasst. Damit ist nicht leicht umzugehen.

Du hast mir heute Nacht eins in die Fresse gehauen, also habe ich den Schluss gezogen, dass ich wieder fürchterlich geschnarcht habe, zumal ich zu der Zeit auf dem Rücken lag und irgendwann auch mal wieder von meiner eigenen Schnarcherei aufgewacht bin. Ja, ja, so konditioniert man sich selbst … (ich spring gleich an die Wand).

Ich konnte nicht wissen, dass ihr rübergegangen seid, um den Film zu Ende zu schauen. Ich dachte, es wäre wegen mir, und ich kann das einfach auch nicht mehr ertragen. Vielleicht bin ich ja auch deshalb aufgewacht, weil mir da im Bett etwas fehlte. Nur, warum bist du dann nicht kurz rausgekommen und hast Bescheid gesagt? Du musst mich doch gehört haben, oder?

Diese Träume, Peee, sind nicht merkwürdig, und das weißt du auch ganz genau. Sie haben ihren Grund in dem, was wir zusammen gelebt haben. Mein Traum heute Nacht war, dass du doch noch auf die Party gegangen bist gestern, nachdem ich eingeschlafen war, und dass du dann mit zu Thomas gegangen und auch dort geblieben bist … und ich wache auf, und das Bett ist leer. Sicher, der erste Gedanke war eben der, dass ich wieder mal fürchterlich genervt habe und ihr beiden dann rübergegangen seid. Dass Farina mit im Bett lag, habe ich ja mitbekommen … Aber dieses Gefühl heute Morgen, das war so unerträglich, vermischt mit dem, was mir geblieben ist von unserer letzten gemeinsamen Begegnung mit Thomas, wie er da so breitbeinig vor uns stand, so cool, und ich mir vorkam wie der letzte Hanswurst, wie eben bei der Geschichte mit Peter.

Auch so ein Traum, den ich hatte, dass du mir einfach nur einen Bären aufgebunden hattest, als du behauptetest, Peter sei nach Mainz gezogen. Ihr habt euch regelmäßig in Peters Wohnung getroffen, die er behalten hat, um dann mit Jonas zusammenzukommen. Und Birgit hat mir dann irgendwann einmal beim Einkaufen erzählt, dass sich Patricia nicht von Gesa getrennt hat wegen einer Frau mit Pferd, sondern wegen dir, damit ihr wenigstens ab und an miteinander vögeln könnt. Sie hat mir auch erzählt – und da vermischt sich das wieder mit wirklichen Aussagen –, dass es nie einen Bruch gab, weder zwischen dir und Peter noch zwischen Patricia und dir, dass alles nur ein Spiel deinerseits war und du mich einfach nur benutzt hast, weil du wusstest, dass ich alles für dich tun würde. Ich würde dir ja noch die Stiefel lecken, wie sie sagte, selbst wenn du mir immer wieder einen Tritt in den Arsch geben würdest. Ich sei einfach zu doof, dies zu kapieren, und sollte endlich wieder in mein Weißwurschtland verschwinden, da könne ich dann unbesorgt weiter junken und andere Menschen mit meinen Krankheiten infizieren. Ich sei einfach zu dämlich, zu registrieren, dass du schon wieder auf neuem Männerfang bist, auf der Suche nach einem Typen, bei dem endlich alles irgendwie vereint sei, der sexuell keine Niete sei, wie ich das wäre, der Geld habe und einen guten Job und der sich auch noch wunderbar mit deinen Kindern verstünde ...

Aber, um bei der Wirklichkeit zu bleiben: Waren nicht die Seiten mit den Kontaktanzeigen aufgeschlagen? Erinnerst du dich daran, dass sie vor deinem Rechner lagen? Blöder Zufall, oder nicht?

Auch der Traum mit Conni wundert mich nicht. Das ist wirklich Synchronizität. Ich hatte ihr neulich eine Testmail geschickt, weil ich mir nicht ganz sicher war, ob die Adresse stimmt.

Eigentlich wollte ich sie fragen – eben weil sie eine Freundin von dir ist und einiges über dich weiß, was ich nicht weiß –, ob ich dir noch vertrauen kann. Natürlich habe ich das dann nicht getan, wäre ja auch Blödsinn gewesen. Und in der Tat gibt es eine Menge Kontaktanzeigen, ich bekomme immer irgendwelche Mails, weil ich mich dafür interessiere, was Rüdiger da so treibt und auch andere dort veranstalten …

Ich kann einfach nicht mehr, Peee. Ich bin völlig krank im Schädel, und deine Mutmaßung, ich könne euch wirklich etwas antun, nur weil ich ein geprügelter Hund bin, hat mir – glaube ich – den Rest gegeben.

Kuss und Muse

Gregor

*

Edgar Allan Poe

Edgar Allan Poe, geboren 1809 in Boston, Dichter, Erzähler und Literaturtheoretiker, war zu Lebzeiten ebenso wie heute vor allem für seine kriminalistischen und phantastischen Kurzgeschichten und Erzählungen bekannt.

Poes Obsessionen, die insbesondere das Thema des Todes in allen möglichen Variationen zum Gegenstand haben, speisten sich aus dem Verlust der nächsten Verwandten: Sein Vater verließ die Familie ein Jahr nach seiner Geburt und tauchte niemals wieder auf, seine Mutter starb im Jahr 1811 an Tuberkulose, sein Ziehvater verstieß den Heranwachsenden, und seine letzten Jahre waren geprägt von dem Verlust seiner geliebten Cousine Virginia Clemm, die er 1836 geheiratet hatte und die 1847 an Schwindsucht starb. Dieser Tod stürzte Poe in abgrundtiefe Verzweiflung und verstärkte seine latente Alkoholabhängigkeit. Er suchte zudem Trost und Gesellschaft in Affären mit verschiedenen Frauen. Unter anderem verliebte er sich in die verheiratete Nancy Locke Heywood Richmond (»Annie«), die er im Anschluss an eine Lesung in Massachusetts im Sommer des Jahres 1848 kennengelernt hatte. Nach dem Ende der platonischen Beziehung zu ihr unternahm er einen Selbstmordversuch, auf den der nachfolgende Brief aus dem Frühjahr 1849 Bezug nimmt. Poe starb, vollkommen verwahrlost, am 7. Oktober 1849 in einem Krankenhaus in Baltimore.

Ach Annie, Annie, meine Annie!

Was für grausame Gedanken über Ihren Ed müssen wohl in den letzten vierzehn Tagen durch Ihr Herz gegangen sein, in denen Sie nichts von mir hörten – nicht das kleinste Wort, das Ihnen gesagt hätte, dass ich noch lebe und Sie liebe. Annie, ich weiß, dass Sie die Natur meiner Liebe für Sie zu genau kennen, um auch nur einen Moment daran zu zweifeln … Aber, meine Liebe, meine Annie, meine liebe Schwester Annie, wie soll ich Ihnen diese bittere Angst erklären, die mich quälte, seit ich Sie verließ … Als ich Sie an mein Herz drückte, sagte ich mir: Es ist das letzte Mal, bis wir uns dereinst im Himmel wiedersehen. Ich weiß nicht mehr genau, wie ich nach Providence gekommen bin. Ich ging schlafen und wälzte mich eine lange, schreckliche Nacht voller Verzweiflung hin und her. Als der Tag anbrach, stand ich auf und versuchte, mich durch einen hastigen Spaziergang in der kalten, scharfen Luft zu beruhigen, aber alles half nichts, der Dämon quälte mich weiter. Schließlich verschaffte ich mir zwei Unzen Laudanum und fuhr, ohne zum Hotel zurückzukehren, nach Boston zurück. Dann schrieb ich einen Brief an Sie, in dem ich Ihnen mein ganzes Herz eröffnete … ich berichtete Ihnen, dass ich diesen Kampf nicht mehr ertragen kann, wie meine Seele dagegen revoltierte, die Worte zu sagen, die zu sagen waren, und dass ich mich nicht einmal Ihnen zuliebe entschließen konnte, sie zu sagen … dann flehte ich Sie an, zu kommen, wenn es vorbei ist, und bezeichnete den Platz, wo ich in Boston aufgefunden werden würde. Hierauf schluckte ich etwa die Hälfte des Laudanums und eilte zur Post … Aber ich hatte nicht bedacht, wie schnell das Laudanum wirkt, denn ich wurde bewusstlos, bevor ich das Postamt erreichte, und der Brief wurde nie aufgegeben … ein Freund half und verschaffte mir Erleichterung – es scheint, dass der Magen das Laudanum von sich gegeben hatte – ich wurde ruhiger, konnte als gesund gelten und durfte zurück nach Providence fahren. Hier sah ich Sie und sprach Ihnen zuliebe die Worte – aber, Annie, ist Ihr Herz so hart? Gibt es keine Hoffnung? Ich fühle, dass ich sterben werde, wenn ich darauf beharre – und jetzt, wie kann ich mich noch in Ehren zurückziehen? Ach Liebste, denk, denk für mich …

Martin S.

»Meine damalige Freundin hatte eine traurige Vergangenheit: Ein US-Amerikaner, mit dem sie verheiratet war, verließ sie mit Schulden und einer gemeinsamen Tochter. Da Deutschland kein Sozialabkommen mit den USA hat, erhielt sie nach der Scheidung in Abwesenheit ihres Exmannes keinen Cent. Dann hatte sie eine Affäre mit einem Lehrer, der sie auch sehr verletzte.

Obwohl ich das Ganze mehr oder weniger wusste, hatte ich mich Mitte der 1990er Jahre in sie verliebt, und so begann eine recht komplizierte Beziehung. Sie blieb leider platonisch, wohl auch, weil sie aufgrund ihrer verkorksten Vergangenheit nicht mehr beziehungsfähig war. Dies alles ist mir natürlich erst im Nachhinein richtig klargeworden. Ansonsten hätte ich nie versucht, eine Partnerschaft mit ihr anzufangen. Ich war damals auch deshalb relativ naiv, weil ich noch nie zuvor eine richtige Liebesbeziehung gehabt hatte. Diese Unerfahrenheit war eines der Dinge, die sie mir ab und zu vorwarf und worüber es auch immer wieder zu Streitereien kam.

Viel schlimmer aber war, dass ich sie finanziell unterstützte, ohne dass es zu einer richtigen Liebesbeziehung mit körperlichem Beisammensein kam. Diese finanziellen Zuwendungen begannen im Jahre 1995, seit Herbst jenes Jahres waren wir eine Art Paar. Doch der Umstand, dass sie mich auf der einen Seite immer wieder um Geld bat, es immer wieder Streit gab (bei dem auch ihre unbewältigte Vergangenheit wieder hochkam) und sie mir auf der anderen Seite nicht die Liebe gab, die uns zu einem wirklichen Liebespaar hätte werden lassen, ließ meinen Verstand im Laufe der Monate am Sinn dieser platonischen Beziehung zweifeln. Ich fühlte mich immer stärker von ihr ausgenutzt. Sie nahm, ohne zu geben, um es kurzzufassen.

Zwar gingen wir offiziell nach etwa einem halben Jahr wieder auseinander, doch hielten wir weiter Kontakt, und vor allem

gab ich ihr weiter Geld. Während der verkorksten Beziehung tat ich das aus Liebe, später aus Mitleid. Allerdings dauerte es auch noch eine längere Zeit, bis ich mich richtig ›entliebte‹.
Da sich ihre finanzielle Situation in den darauffolgenden acht Jahren von 1996 bis 2004 nicht besserte und sie mich immer wieder um Geld bat, zog sich diese Tragödie noch lange hin. Als ich von ihren nicht aufhörenden Geldbitten schließlich die Nase voll hatte, wollte ich endgültig den Kontakt beenden. Meine Hoffnung, dass sie sich nicht mehr melden würde, war allerdings umsonst. Nach einiger Zeit bettelte sie wieder und erzählte eine so traurige Geschichte dabei, dass ich mich doch wieder rumkriegen ließ. Dies wiederholte sich noch einige Male. Ich schrieb ihr dreimal in diesem Zeitraum von 2001 bis 2004. Die Briefe hatten einen ähnlichen Inhalt wie der beigelegte. Dieser ist der letzte, also ein richtiger Abschiedsbrief.
Falls es Sie noch interessiert: Meine Arbeitslosigkeit habe ich inzwischen, nach über zweihundert Bewerbungen, beenden können, die Misere mit Frauen hat dagegen noch immer kein Ende genommen. Diejenigen, die mir gefallen, haben schon immer jemanden. Die bitteren Erfahrungen mit Anke haben mir aber immerhin eine solche Lehre erteilt, dass ich mich nie mehr in Zukunft so ausnutzen lassen werde.«

29. September 2004

Hallo Anke,

nachdem ich mich das letzte Mal noch einmal habe weichklopfen lassen, schreibe ich Dir nun zum letzten Mal, um Dir klarzumachen, dass jetzt endgültig Schluss ist mit der finanziellen Unterstützung für Dich. Insgesamt 2400 Euro habe ich Dir dieses Jahr zukommen lassen, das sind fast 5000 DM. Das letzte Mal hast Du auch deshalb noch Glück gehabt, weil ich unerwarteterweise ein Übergangsgeld vom Landesamt für Versorgung und Besoldung erhalten habe. Das ist jetzt fast völlig für Dich »draufgegangen«. Doch nun bin ich arbeitslos, werde es wohl auch noch länger bleiben, wenn ich mir die Bewerberzahlen für die von mir beworbenen Stellen anschaue. Wenn Du jetzt nicht mit meiner Hilfe Dein finanzielles Chaos einigermaßen in Ordnung gebracht hast, wirst Du es nie mehr schaffen.

Ich sage Dir jetzt an dieser Stelle, dass Du Dir in Zukunft jeden Weg zu mir sparen kannst, ich werde nicht mehr öffnen! Ich werde mich nicht mehr rumkriegen lassen und Dir ohne jegliche Gegenleistung mein Geld geben. Andere Frauen nehmen auch Geld, aber sie geben wenigstens etwas dafür, das ist mir auch schon passiert.

Du hast es jahrelang ausgenutzt, dass Du die erste Person warst, mit der ich eine Art Beziehung hatte, und dass wir in einem Bett geschlafen haben (wenn auch kaum mehr zusammen gemacht haben). Dies Erlebnis und meine Gutmütigkeit und mein Mitleid haben es ermöglicht, dass ich Dich jahrelang finanziell unterstützt habe, obwohl Du Dich in den letzten zwei Jahren nur noch gemeldet hast, wenn Du mich wieder einmal anpumpen wolltest.

Doch damit ist jetzt endgültig Schluss. Ich möchte nichts mehr von Dir hören!!

Ich bin nicht für Dich verantwortlich und habe Dir in den letzten Jahren mehr geholfen, als es wahrscheinlich jeder andere an meiner Stelle getan hätte. Du hast ja Deine Eltern und Mandy. Sie ist inzwischen eine erwachsene Frau und hat eine eigene Arbeit und die dritte Beziehung. Eine normale Beziehung, die ich nie hatte. Nie habe ich die schönsten Seiten des Erwachsenenlebens kennenlernen dürfen. Und jetzt soll ich mich noch mit Dir belasten, wo mein Leben düster genug ist, auch wegen des Verlustes meiner Traumstelle an der Fachhochschule?

Also spar Dir das Benzin und fahre nie mehr zu mir. Ich werde Dir nicht mehr öffnen. Sei Dir darüber im Klaren!!! Du musst halt richtig sparen lernen. Auch ich weiß, wie man billig essen kann (z. B. Reis und dazu eine Fischbüchse).

Falls Du allein (finanziell) nicht mehr weiterkommst, denke nie mehr an mich!!! So lass Dir sagen: Du hast für Mandy viel gemacht, jetzt muss sie sich um Dich kümmern, wenn Du unfähig bist, allein Dein Leben wieder in den Griff zu bekommen! Sie ist jetzt zwanzig Jahre alt, in vielen anderen Ländern der Welt müssen schon Kinder für die Familie mit aufkommen und arbeiten. Sie ist ja auch nicht allein wie ich und hat einen Partner. Ich wünsche ihr jedenfalls alles Gute, sie ist eine tolle Frau und schien mir oft vernünftiger als Du, wenn ich so zurückdenke an manche Szenen in der Vergangenheit (z. B. bei einem gemeinsamen Spiel bei Dir names »Jumbo Jet«).

Ich hoffe, dass ich mich klar genug ausgedrückt habe: Ich wünsche Mandy und Dir zwar alles Gute, möchte aber nichts mehr von Dir wissen und werde Dir nie mehr Geld geben. Diese Zeit ist endgültig vorbei. Ich werde hart bleiben und den Kontakt sofort abbrechen, falls Du es wagst, Dich noch einmal bei mir zu melden! Stell' Dich also darauf ein. Meine Worte sind überdeutlich: Lass Dich hier in Ostfildern nie mehr blicken!!!

Friedrich Creuzer

Im August 1804 lernten sich auf einem Ausflug zur Abtei Neuburg bei Heidelberg der bedeutende Philologe und Mythenforscher Friedrich Creuzer (1771–1853), verheiratet mit einer dreizehn Jahre älteren Frau, und die Dichterin Karoline von Günderode (1780–1806) kennen. Es begann eine leidenschaftliche Affäre. »Den Verlust Deiner Liebe könnte ich nicht ertragen«, schrieb Karoline in einem ihrer vielen Briefe an Friedrich, die zu den schönsten Liebesbriefen der deutschen Literatur zählen. Dem Professor war es im Endeffekt aber doch nicht so ernst. Als er im Juni 1806 erkrankte und seine Frau ihn gesundpflegte, schwor er ihr, von der jungen Geliebten zu lassen. Sein Rückzugsgefecht dokumentiert der hier abgedruckte Brief. Nachdem Karoline die Nachricht erhalten hatte, erdolchte sie sich am 26. Juli 1806 am Ufer des Rheins bei Winkel.

Montags, den 23. Juni 1806

So hast Du vielleicht schon Dienstags meinen Brief. Das Glück wollte nämlich daß heute mir diese Stunde zum Schreiben vergönnt würde.

...

Liebe Lina!

Überdenke doch einmal ruhig folgende Sätze, und sag dann noch, ob ich Unrecht habe:

1. Ich war so glüklich, Deine Liebe zu gewinnen – und gedachte (da Dir der Gedanke nicht mehr zuwider war), Dich zu heurathen, hoffend, Sofie würde mir frei entsagen und Deine Verhältnisse würden es erlauben.

2. So lange diese Hofnung lebte, durfte ich arglos dem Zug meiner Liebe, der Stimme meiner Sehnsucht folgen.

3. Jene Hoffnung verschwand, weil weder Sofie gros genug war, um mich frei zu lassen, noch Deine Verhältnisse frei genug, um Dir jenen Schritt (auch unter günstigern Umständen auf meiner Seite) zu erlauben.

4. Von jezt an mußte ich meiner Empfindung gegen Dich ein Maas setzen, und sezte es, mußte abmessen den Grad meiner Annäherung, oder Dein Glük oder Unglük war mir gleichgültig, – und ich liebte Dich nicht.

O ja, es gäbe auch noch jezt ein Selbstvergessen aus Liebe: ein Werk der Verzweiflung. Kannst Du diese wollen? Soll ich Dich und mich und Sofien in den Abgrund stürzen? Erspare mir das Detail.

5. Ist es nun unrecht, zeigt es von Kälte, wenn ich ausspreche: ich müsse es geschehen lassen, daß ein anderer Dich zum Ziele hinführe, das jede Jungfrau natürlicher Weise haben muß, da ich es selbst nicht darf? Oder soll ich der Gott seyn, der Menschenopfer begehret?

Siehe, liebe Lina, das muß ich aussprechen – so muß ich handeln.

6. Findest Du dagegen keinen andern Mann, der Dir Deiner Liebe werth dünkt, fassest Du künftig frei den Entschluß, das Leben der Jungfrau dem ehelichen vorzuziehen – und ist Dir meine Gesellschaft, meine Liebe so viel werth, daß Du darum die Vortheile Deiner Existenz aufopfern willst – so solltest Du immer meine Arme offen finden, und was ich nur vermag, will ich thun, damit Du, liebe Seele, gerne in meiner Nähe bist. – Auch weis ich, daß die Stimmung der Sofie Dir keine Unannehmlichkeiten geben wird.

7. Und in diesem Sinne kann ich auch künftig nur zu Dir kommen. Lieben darf ich mir erlauben, aber nicht der sich selbst vergessenden Liebe vollen Besitz. – Und hast Du nicht selbst auch bei jedem Zusammenseyn in die-

sem Sinne gehandelt ? Hast Du nicht selbst mein Bewußtseyn, wenn es schwinden wollte, als ein guter Engel gewekt?

Du fordertest bestimmte Antwort. Ich gab sie. Ob ich Dich dabei mehr bedachte, oder mich, mußt nun Du entscheiden.

Du nanntest mich fromm, mögest Du nimmer verkennen, daß ich nie mehr bemühet war, diesen schönen Namen zu verdienen, als da ich so schreibe.

Irre ich nicht, so wirst Du, frommes Mädchen, darum nicht aufhören, mich werth zu halten Deiner Liebe.

Alles übrige Zweifeln (gäb es nun der Traum ein oder das Wachen) sollte meine Lina nicht beunruhigen. Behalte Dir diese lateinischen Worte:

qui dubitat, is peccat.

Mit dem Kommen ist es nun so: Ich will kommen, aber vorerst siehest Du, daß ich erst noch einige Zeilen von Dir haben muß, damit ich wisse, ob ich bei solchen Grundsätzen noch kommen darf.

Diese schicke bald.

Den Tag der Abreise kann ich nicht gut bestimmt sagen, am wenigsten schon jezt. Allein vielleicht ist die Abreise schon den 28. (Sonnabend) möglich, oder doch den 29. Das Haus ist gleich schwer bestimmen. Oft findet man besetzt, worauf man rechnete.

Schreib Du nur, ob jeden Tag noch die alten Stunden (10 oder halb drei) bleiben. Bedenk auch, daß Clemens in Frankfurt ist, und triff Anstalten gegen ihn. Ob ich vorher noch einmal schreiben kann, weis ich nicht. Rechne nicht darauf.

Ich verbrannte Dein Griechisches. – Du darfst auch meines nicht leben lassen. Vergiß nicht so ganz alle Vorsicht zu Deinem Vortheil.

Im Fall, daß ich kommen dürfte und doch nicht könnte (ach denke Dich doch in die Lage eines Staatssklaven), schreib ich unverzüglich.

Ich las Deinen Brief nochmals. Wie lieb Du bist in Deiner Erzählung vom Maskenball! Ach, wenn Du nur einsiehest, wie ich mich bemühe, Deine Liebe zu verdienen! Oder wird Lina mich verkennen? Kannst Du das? Adieu lieber Engel (so nenne ich Dich, so lang Du es nicht verbietest) …

*

Daniel G.

»Mitte 2004 entdeckte ich in der Disco, in die ich damals regelmäßig zu gehen pflegte, eine Frau, die mir außerordentlich gefiel. Ich war sofort hin und weg und sprach sie wenig später an, um ihren Namen in Erfahrung zu bringen. Außer einer ordentlichen Abfuhr bekam ich jedoch nichts aus ihr heraus. Aber so leicht gab ich nicht auf und versuchte es ein paar Monate später nochmals. Sie konnte sich nicht mehr an meinen ersten Versuch erinnern, und so erfuhr ich ihren Namen, später die Handynummer und Adresse und noch so manch anderes interessante Detail aus ihrem Leben. Aber weiter kam ich nicht, was für mich sehr schmerzhaft war – sie betrachtete mich zwar durchaus als Freund und mochte mich, aber mehr eben auch nicht. Ich versuchte alles, um ihr Interesse an mir zu wecken, schrieb ihr einen Brief, in dem ich ihr meine Gefühle offenbarte, später auch noch ein Gedicht. Beides nahm sie, und der Inhalt gefiel ihr durchaus – aber dabei blieb es auch. Grausam wie Frauen eben manchmal sind, zog sie jedoch keinen endgültigen Schlussstrich, sondern traf sich dennoch ab und zu mit mir, um von Zeit zu Zeit Salz in meine offene Wunde zu

streuen. Natürlich fanden diese Treffen nur dann statt, wenn gerade keiner ihrer restlichen Freunde Zeit für sie hatte und ihr eben langweilig war. Im Sommer 2005 verabschiedete ich mich dann mit folgendem Brief von ihr.«

Hi Vanessa!

Lange Zeit habe ich befürchtet, dass ich es nicht geschafft habe, Dir klarzumachen, was ich für dich empfinde. Aber mittlerweile habe ich erkannt, dass das nicht das Problem ist. Du weißt ganz genau, was in mir vorgeht. Wie könntest Du es auch nicht wissen? Selbst wenn Dein Herz aus Stein wäre, hättest Du es in der Zwischenzeit bemerkt.

Nicht ich bin, sondern Du bist das Problem. Du möchtest Dir Deine Freiheit um jeden Preis bewahren und fürchtest Dich vor allem, was sie Dir nehmen könnte. Deswegen hast Du unüberwindliche Mauern errichtet, um Dich zu schützen. Du willst keine leidenschaftliche Beziehung, Du willst dominant sein, Du willst Kontrolle. Männer sind für Dich nur Spielzeug. Niemals gehst Du ein Risiko ein, bist immer eiskalt, berechenbar und oberflächlich – wie langweilig.

Ständig trägst Du eine Maske, um Dich zu schützen, aber der Preis, den Du für diesen Schutz zahlst, ist hoch: Dir entgeht, was wirklich wichtig ist, Du bemerkst es noch nicht einmal. Hättest Du auch nur die leiseste Ahnung davon, was Du verpasst, Du würdest es bereuen. Wer niemanden jemals wirklich an sich heranlässt, der ist ständig einsam. Aber ganz egal, wie sehr Du auch auf Deinen Schutz bedacht bist, irgendwann wirst Du trotzdem verletzt werden. Ich sage das nicht aus Bösartigkeit, sondern weil es wahr ist.

Von mir brauchst Du indessen keine Annäherungsversuche mehr zu befürchten. Ich habe mich lange und aufrichtig um Dich bemüht, habe manches getan, das meiner Natur widerstrebte, habe versucht, mich zu ändern, um Dir besser zu gefallen, und mich auch tatsächlich verändert. Aber was ich auch tat, es war nie genug. Alle meine Bemühungen waren von vorneherein zum Scheitern verurteilt, was Du sehr wohl wusstest, mir aber nie gesagt hast. Du hast Dich nie dazu durchringen können, dieses grausame Spiel, das Du mit mir getrieben hast, zu beenden. Deswegen mache ich das jetzt, denn ich kann es nicht länger ertragen.

Das ist keine Trotzreaktion. Kein »wenn ich Deine Liebe nicht haben kann, will ich gar nichts haben«. Wenigstens Deine Freundschaft hast Du mir angeboten, und dieses winzige Fünkchen Hoffnung wäre mir bereits genug gewesen. Ich hätte ewig davon gelebt. Doch was Du mir angeboten hast, war keine Freundschaft, nicht einmal Mitleid, sondern nur eine wertlose Floskel – sonst nichts. Davon kann ich nicht leben.

Es ist keine Freundschaft, wenn Du Dich nur dann bei mir meldest, wenn sonst niemand Zeit für Dich hat. Ich war immer die letzte Nummer auf Deiner Liste, immer der Letzte, dem Deine Gedanken galten. Ein kalter Händedruck ist keine Freundschaft. Geh nur weiter den Weg, den Du Dir ausgesucht hast. Ganz egal, wohin er Dich auch führen mag, dort will ich auf keinen Fall enden.

Jack S.

»Über mich, die Empfängerin der Abschiedsmail: bunte Vergangenheit, Jungreporterin, Hauptfach Rockmusik (habe auch Jimi Hendrix interviewt) und Movies etc., dann Model, dann Kommune, dann Kleider-Designerin in New York, dann nach Los Angeles und Drehbücher geschrieben. Nach zehn Jahren LA bin ich wieder zurück in Deutschland und arbeite als Autorin und Journalistin.

Der Absender der E-Mail, Jack: ein aggressiver, extrem witziger, schwieriger, chaotischer, sexy, heißer Bad Boy. Amerikaner ohne Beruf, aber mit großer Klappe (so wie ich), der mal Stand-up-Comedian war, mal Schauspieler, irre gut schreiben konnte, Ex-Alkoholiker, groß, dünn, rötliche Locken, weiße Haut, irish halt. Wir waren fünf Jahre on and off liiert, er war zwölf Jahre jünger. Ich war schon fünfzig, als ich ihn traf. Wir brachten beide unser Leben komplett durcheinander, viel Spaß, viel Schmerz, viel Wut, viel Sex, viel Abhängigkeit – also das pure Leben ohne Scheuklappen.«

Yeah, Zuckerpuppe,

ich habe deine Mail gelesen. Glückwunsch, Hohepriesterin, ich erzittere vor der Präsenz von so viel endloser Weisheit und Stärke!

Ich bin aber trotzdem kein Feigling, wie du gerne behauptest, nur weil ich nicht antworte und keine Lust habe, mich von dir in Grund und Boden reden, oder sollen wir sagen, mailen zu lassen. Nennen wir's doch einfach eine Müdigkeit, die nach all diesen verbalen Schlachten eingetreten ist. Und anstatt noch mehr Benzin ins Feuer zu schütten, entscheide ich mich manchmal dafür, meine Reaktionen zurückzuhalten, bis ich mich etwas beruhigt habe. Für dich ist das natürlich Feigheit, aber ich stelle fest, dass ich weniger Schaden anrichte, wenn ich innehalte. Solltest du auch mal probieren.

Ich habe lange versucht, dir etwas klarzumachen, was aber immer unmöglicher wurde, da du scheinbar nie zu hören scheinst, was ich wirklich sage. Jetzt habe ich keine Lust mehr, denn was soll das alles? Es sind seltene Momente, in denen wir wirklich miteinander reden – und ich finde, sie sollten noch seltener sein. Glaub mir, selbst wenn ich einfach nur in meiner Wohnung sitzen und das Abblättern der Wandfarbe beobachten würde, so ist es doch etwas, das ich lieber täte, als mir deine hochgepeitschten Anschuldigungen, mit denen du mich bombardierst, anzuhören. Ich kann wirklich keinen Nutzen für einen von uns darin sehen. Ermüden dich eigentlich deine Tiraden nicht selber ein wenig, Darling?

Und übrigens, ich habe nicht dich gemeint, als ich von dem Gletscher gesprochen habe, an dem man mit blutigen Händen abrutscht, wenn man sein Geheimnis ergründen will. Du gehörst eher in die Kategorie von Lava, glühend heiß und faszinierend zu beobachten, wie sie langsam aus dem Vulkan tritt. Schnappen wir uns doch ein paar Jungfrauen und schmeißen sie in den brodelnden Pool als kleine Gabe für die Götter … vielleicht werden wir beide dann auf magische Weise geheilt und können zusammen in den Sonnenuntergang wandern …

Auf deine Frage, warum ich »uns« nicht einfach so, wie wir sind, akzeptiert und umarmt habe, kann ich sagen, dass ich fest glaube, dass diese Frage rein theoretisch ist. Du hast bereits deine fertige Interpretation, die du für die reine Wahrheit hältst. Aber aus irgendeinem Grund möchtest du wissen, ob ICH weiß, welche Dinge bei mir nicht stimmen, und dich dann an deinem Wissen ergötzen. Das ist inzwischen alles eine öde Diskussion, die ich weder akzeptieren noch »umarmen« möchte. Ich weiß auch schon den Satz, der jetzt kommt, auswendig: »Hast du sowieso nie«. Und dann kriecht in mir dieses würgende und wütende Gefühl hoch und ich will nur noch hasserfüllt reagieren – und das tut weder mir noch dir gut. Also lassen wir es.

Du bestehst darauf, dass du keinerlei Konflikte nach unseren kleinen »Treffen« hast, die du initiierst und dann scheinbar cool abwickelst. Schön für dich. Ich kann derlei nicht behaupten. Selbst die allerkürzesten Unterhaltungen regen mich derartig auf, dass dieses Gefühl tagelang auf mir lastet. Eine sehr einfache Lösung wäre, dass ich mich nicht der Sache aussetze, die mich derartig aufwühlt oder die dazu beiträgt, dass ich mich so fühle, wie ich mich fühle … und das wären WIR. Nicht du, WIR, das ist ein großer Unterschied. Natürlich könnte ich lernen, besser mit Konflikten umzugehen, ich weiß, ich weiß, yeah, yeah. Du hast Recht. Könnte ich. Tue ich aber anscheinend nicht, weil ich nicht kann oder will. Ich weiß es nicht.

Sei nicht traurig. Es gibt immer etwas Neues und Aufregendes, das ganz genau hinter dem Unbekannten wartet, das sich im Moment überwältigend furchteinflößend anfühlt. Du wirst in deinem Leben sicher noch einige außergewöhnliche Dinge tun, so wie du es bereits getan hast. Aber du wirst sie ohne mich machen müssen. Das ist okay.

Also, Honeypie, es sieht so aus, als würden wir einen wunderschönen sonnigen Tag bekommen – das Licht bricht gerade aus all den dunklen Wolken hervor!

Have a nice life!

Jack

Jens K.

»Diesen Brief schrieb ich im April 2006 an meinen damaligen Noch-, nach dem Brief Nicht-mehr-Freund Olli. Na ja, so wirklich lange zusammen waren wir nicht, es waren bloß vier Monate, aber gepasst hat es trotzdem, zumindest bis zu meinem Urlaub. Ich war vier Wochen in Orlando bei einer Freundin und habe da einsehen müssen, dass es mit ihm irgendwie nicht die Dimension hat, die ich eigentlich möchte. Als ich dann wiederkam, trafen wir uns bei mir – also vielmehr kam er spontan zu mir, glücklich und mit glänzenden Augen und so. Natürlich merkte er ziemlich schnell, dass irgendetwas nicht stimmt, und hat nachgefragt. Ich glaube fast, es lag gar nicht daran, dass ich nicht wusste, was ich sagen sollte, sondern vielmehr, dass ich mich nicht getraut habe, es ihm so zu sagen. Also habe ich in der naiven Hoffnung, es würde ihm weniger wehtun und mir leichterfallen, diesen Brief geschrieben – beides war dumm zu glauben, aber Hauptsache, man lernt etwas daraus.«

20:53 Uhr – gerade geht es mir so, als hätte ich den größten Fehler gemacht, und mir geht dein Schweigen nicht aus dem Kopf. Ich fühle mich so dermaßen unwohl in dieser Position, dass ich wünschte, ich könnte es ungeschehen machen oder ändern, aber das kann ich nicht, denn es würde bedeuten, dass ich dir etwas vorspiele oder dich belüge, und das hast du nicht verdient. Ich mag dich, das steht nicht zur Debatte, und ich denke beziehungsweise hoffe, das weißt du. Ich fühle mich wirklich wohl in deiner Gegenwart – unbefangen, verstanden, akzeptiert, und dafür danke ich dir von ganzem Herzen.

Wenn ich so darüber nachdenke, was passiert ist – oder auch nicht passiert ist –, dann fällt mir immer wieder ein

Moment im Urlaub ein. Ines hatte ein paar Freunde da, und wir haben gequatscht und blablabla, und einer fragte mich, ob ich einen Freund in Deutschland hätte. Das hat mich voll kalt erwischt, und ich habe so gestammelt: »Naja – ja – nein … ich habe da jemanden kennengelernt, der so und so ist und mir guttut und so weiter.« Den Abend danach habe ich im Bett gelegen und über das, was wir haben, nachgedacht, und das war das erste Mal, dass dieser bittere Gedanke aufflackerte: Wieso sehe ich ihn nicht als meinen Freund?

Wie es im Urlaub nun mal ist, man ist abgelenkt und macht sich keine Butze um daheim – mittlerweile denke ich, es war nur ein erstes Anzeichen dafür, wo ich nun stehe. Bitte verstehe mich nicht falsch, es ist nicht so, dass du mir egal bist oder ich nicht an dich gedacht habe, denn das habe ich, jedoch nicht in der Dimension, in der man an seine Liebe denkt. Die Gedanken an dich waren und sind schön, du bist ein so milder Typ, und du bringst mich zum Lachen und hast etwas im Kopf und siehst dazu noch super aus – ich sollte zehn Kreuze machen und mich schon längst Hals über Kopf in dich verliebt haben. Wir waren und sind immer sehr entspannt miteinander umgegangen, von einigen kleinen Unsicherheiten einmal abgesehen, die aber im Umgang mit mir unvermeidlich sind. Und nicht, dass es mich gestört hat – im Gegenteil –, aber ich habe mich manchmal doch gewundert über meine Unbeschwertheit dir gegenüber.

Die wenigen Male, die ich verliebt war, liefen immer ab wie ein Gewitter. Das Gefühl, ihn anrufen zu müssen, war überwältigend, die Zeit bis zum Wiedersehen war immer zu lange, und wenn es dann so weit war, dann war da immer diese bittersüße Mischung von Aufgeregtheit und Glück – mit Haut und Haaren und volle Kanne. Dieser

Überschwang ist nicht immer gut gewesen, keine Frage, aber doch ist es das, was Liebe für mich ausmacht.

Olli, ich habe mit dir viele wunderbare Momente erlebt, Momente, die mich weitergebracht haben, Momente, die mich, wenn ich daran denke, zum Lachen bringen, und andere, die mich nachdenken machen über mein Leben, mich und meine Ziele, und dafür bin ich dir so dankbar.

Nicht zuletzt deshalb bin ich es dir schuldig, ehrlich zu sein. Wenn ich es weiter herausgezögert oder dir etwas vorgespielt hätte, nur um noch einmal mit dir im Bett zu landen zum Beispiel, dann hätte ich dir Unrecht getan. Das klingt jetzt hier furchtbar pathetisch, soll es aber eigentlich nicht, weil ich es nur so meine, wie es dasteht. Ich will und wollte dich nie verletzen, aber ich habe gestern schon das Gefühl gehabt, genau das zu tun, indem ich auf der anderen Seite der Couch gesessen habe, ganz zu schweigen von diesem furchtbaren Telefonat vorhin. Glaube mir, ich wünschte, ich könnte irgendetwas an meinen Gefühlen drehen … aber da das nicht geht, kann ich nur versuchen, dir meine Seite so ehrlich wie möglich zu erklären, und hoffen, du verstehst auch mich ein kleines bisschen.

Meistens bin ich ziemlich schlecht mit Worten, zumindest in Situationen, wo es darum geht, Gefühle auf den Punkt zu bringen. Deshalb schreibe ich dir diese Zeilen. Ich weiß ganz sicher, dass wir glücklich werden, und dafür muss ich mir oft den Vorwurf anhören, ein Träumer zu sein. Aber mit dir habe ich Momente dieses Glücks erlebt, und das gibt meiner Hoffnung Kraft! Noch etwas, wofür ich dir dankbar bin.

Olli, lass uns telefonieren und/oder treffen, wenn es uns beiden, vor allem aber dir Recht ist.

Jens

Rochus C.

»Zu den Personen: Sie, 45 Jahre, Akademikerin mit einem 13-jährigen Sohn, seit mehr als zehn Jahren getrenntlebend. Er: 56 Jahre, Akademiker, zwei Söhne, 19 und 13 Jahre, seit zehn Jahren geschieden. Alles Weitere steht in meinem Abschiedsbrief.«

Sechs Wochen sind seit jenem Samstag im Januar verstrichen, als ich Dich zum Nachmittagskaffee erwartete. Ich fragte, ob ich Kaffee oder Espresso durch die Maschine laufenlassen soll. Du schütteltest den Kopf, winktest ab und sagtest stockend: »Ich bin einem Konflikt ausgesetzt.« – »Worum geht es?«, fragte ich. Du zögertest mit der Antwort, und ich fragte: »Hast Du Ärger im Beruf?« – Wieder Kopfschütteln. Wir saßen auf dem Sofa und sahen uns an. Dann hörte ich Deine Stimme: »Es ist ein anderer Mann im Spiel.«

Ich stand auf und versuchte, beherrscht zu bleiben. »Wie lange schon?«, fragte ich. – »Ich habe ihn vor Weihnachten bei Bekannten kennengelernt«, presstest Du als Antwort hervor. – »Und warum bist Du dann noch mit mir nach Berlin gefahren?«, wollte ich wissen. – »Ich hoffte, es würde auf dieser Reise alles wieder werden, wie es einmal war. Umsonst. Ich habe viel geweint, konnte nicht mehr essen, und ich komme mir schäbig vor.«

»Es wird mir wohl nicht gelingen, Dich umzustimmen«, sagte ich mit beschlagener Stimme. »Du überlegst Dir Deine Entscheidungen reiflich und kannst froh sein: eine Trennung ohne Komplikationen, keine gegenseitigen Ansprüche, kein Rechtsanwalt, kein Prozess, kein Kampf um Kinder oder Haus. Und warum ist alles so gekommen?« – »Wir haben uns kaum noch gesehen, und Du bist so resignativ geworden«, war Deine Begründung, die mir die Sprache verschlug.

Dann blicktest Du aus dem Fenster auf die schneebedeckte Landschaft und sagtest: »Wie schön es draußen ist.« Nach einer Weile setztest Du hinzu: »Glaub mir, er und ich, wir waren noch nicht zusammen.« Ich versuchte, etwas Belangloses zu sagen, um von diesem mir gleichgültigen Zugeständnis abzulenken, und dann verfielen wir in Schweigen. Du suchtest einen Ausweg aus dem Verstummen und fragtest, ob Du mich noch anrufen dürftest. »Aber natürlich«, sagte ich, und alsbald setztest Du den Schlusspunkt: Es sei Zeit für Dich, nach Hause zu fahren. Im Flur half ich Dir in den Mantel, Du umarmtest mich und drücktest mir einen Kuss auf den Mund: »Ich danke Dir für alles! Du hast mich all die Jahre auf Kurs gehalten.« Ärgerlich sagte ich: »Und dann dieses Ende.« Ich begleitete Dich zum Auto, hielt die Tür auf, gab Dir die Hand, murmelte »Viel Glück« und wusste, dass ich es nicht meine. Du fuhrst davon, und zum ersten Mal winkte ich Dir nicht nach.

Seitdem habe ich auf Deinen Anruf vergeblich gewartet, auf eine Erklärung hoffend, weil ich meinte, Du seiest mir etwas schuldig geblieben. Ich rechne es Dir hoch an, dass Du mit der Wahrheit nicht länger zugewartet hast und statt eines Abschiedsbriefes mir die Abdankung selbst überbrachtest. Die Regie war perfekt, es gab keinen Streit, keine Schuldzuweisungen und einen Neuanfang ohne die Hypotheken verletzender Anklagen.

Aber ich habe Fragen, auf die ich keine Antwort finde. Bis zuletzt hast Du unsere Beziehung mit den Worten Normalität, Vertrautheit, Zärtlichkeit und Harmonie hochgehalten, seit wir uns vor zehn Jahren zum ersten

Mal nähergekommen sind. Und es ist noch nicht lange her, da sagtest Du, neben Kind und Mutter sei ich der wichtigste Mensch für Dich. Es gab keine Differenzen oder gar Kontroversen. Über die Probleme im Beruf, mit unseren Kindern und der Verwandtschaft sprachen wir uns aus, fast jeden Abend hast Du mich angerufen, und ich habe mich auf jedes Treffen mit Dir gefreut. Wenn ich sagte: »Tausend Liebesnächte reichen nicht«, äußertest Du Zweifel und sprachst davon, dass ich Dich eines Tages verlassen würde. War es die Angst davor, die Dich zur Trennung bewog? Warum hast Du mir nie gesagt: »Vergiss nicht, es ist eine Liebe auf Zeit.«

Letzte Nacht träumte ich, ich sei Dir untreu geworden und deshalb hättest Du den Schlussstrich gezogen. Fast vermute ich, dass Du an mir Verhaltensweisen eines Machos vermisstest, und zum ersten Mal bedaure ich, dass ich keiner bin und nicht höhne: »Deine besten Jahre liegen hinter Dir. Wie gut, dass Du von allein gegangen bist, etwas Besseres als eine untreue Geliebte findet sich allemal.«

Wenn aus Deinem Freundeskreis Frauen sich von ihren Männern trennten, konnten sie auf Dein Verständnis nicht rechnen. Ich sagte Dir immer, wie froh ich sei, Deiner sicher zu sein, und Du hast das bekräftigt: »Ich bleibe Preußin!« war Deine Devise.

In diesen zehn Jahren wähnte ich, der Schatz der Gemeinsamkeiten wachse und mit ihm unsere Bindung. Nun ist alles anders gekommen. Normalität, Vertrautheit, Zärtlichkeit und Harmonie galten nur für den Augenblick, und ich muss als bittere Konsequenz akzeptieren:

»Liebe lässt die Zeit vergehen, Zeit lässt die Liebe vergehen.« Auf der Suche nach einem Neuanfang hast Du, preußisch entschlossen, allen Beteuerungen als Illusion abgeschworen. Als ich Dich hinausbegleitete und darauf ansprach, senktest Du den Kopf: »Ich kenne mich nicht mehr!«, sagtest Du, aber Du meintest wohl: »Ich kenne Dich nicht mehr.«

Dich meinem Herzen zu entwinden, ist schmerzlich, und ich bin mir selber gram, dass ich es Dir offenbare. Ein letzter Gruß an Dich will mir nicht in die Feder, nur die Verwünschung, dass der Schein preußischer Tugendhaftigkeit von Dir abfalle.

*

Michael B.

»Der Brief ist eine wahre Antwort auf eine Frau, die sich wohl – so muss ich annehmen – stellvertretend bei mir an ihrem Partner gerächt hat, der sie vor vier Jahren wegen einer jüngeren Frau in einer anderen Stadt hat sitzenlassen. Ich bin ein Mensch, der sich schnell verliebt, und habe unzählige ›Warnsignale‹ nicht erkannt, denn sie redete im Grunde – und darin war sie hochaufrichtig – von nichts anderem als diesem Kerl und ihrem Leid, doch ich habe nicht hingehört. Sie ist darüber nicht hinweg – im Gegenteil.

In ihrem Leid ist sie sehr ungerecht und verletzend, und da wir uns nicht häufig gesehen haben, wurde mir vieles erst nach und nach bewusst. Darin bin ich unglaublich naiv und auch eitel. Ich selbst bin 36 Jahre alt, und diese Frau ist acht Jahre älter als ich, wurde also mit 40 Jahren von ihrem – bis dato – Lebenspartner verlassen (mit dem sie seit dem 17. Lebensjahr zusammen war). Wider alles Gebaren ihrerseits wollte die gute Frau bereits am Abend des zweiten Treffens mit mir ins Bett – da bin ich geflüchtet und habe angefangen, über die Sache nach-

zudenken. Doch habe ich mir noch einige Dinge schöngeredet, die aber nach den folgenden Treffen unübersehbar wurden.

Sie hat nach diesem Schreiben noch versucht, anzurufen, Briefe zu schicken, zuerst freundlich, die aber zunehmend in Hasstiraden ausgeufert sind. Nach fünf Monaten hat es aufgehört.«

Gestern

Gestern habe ich einen Brief von Dir erhalten. Du läufst mir hinterher. In den ersten beiden Zeilen hatte ich fast den Eindruck, als würdest Du Dich bei mir entschuldigen, doch schon in der dritten Zeile verfällst Du wieder ganz auf Dich. Du hast die letzten Worte des vierten Satzes, die Worte »Dich verletzt habe« unterstrichen. Das reicht mir wenigstens als Entschuldigung, ich rede es mir ein; ich will Dich eh nicht mehr sehen. Danke.

Was steht da noch?

Im zweiten Absatz etwas davon, was Du hättest versuchen sollen und was Dir schwergefallen sei. Ja, wie schwer uns nur alles fällt, das Atmen, der Herzschlag, das Leben. Und warum von »sollen« sprechen, wenn es um »wollen« gehen sollte? Es ist ganz einfach: Du wolltest mich nicht (geschickt!), und jetzt läufst Du mir hinterher (ungeschickt!), weil ich nicht tat, wie ich sollte. Und: Du hast Recht, Du lässt Fragen offen, lässt Fragen entstehen. Ständig. Ständig fragt man sich, wer ist da vor mir? Wer spricht? Warum verstehe ich nichts? Warum fühle ich nichts? Was will sie? Und doch hast Du mich verklebt, eingesponnen – wenigstens anfangs.

Wie geht es weiter?

Aha, Du rechtfertigst Dich. Sagst mir, dass Du über Dich verwundert bist, erstaunt darüber, dass Du nicht weißt, wie Du Dich fühlst, und das daher nicht ausdrücken kannst. Ich wundere mich gerade darüber, dass Du ziemlich gut in Rechtfertigungen bist, im Ausredenfinden. Ich wundere mich, dass Du ganz genau weißt, worüber Du nicht reden kannst und wie Du erst darüber hinweggehst! Und diese rhetorische Brillanz! Darin versteckt sind Schlingen und Haken. Woran appellierst Du, wenn Du schreibst, dass Du »feststellen kannst« (dieses kalte Kann bringt mich um den Verstand!) »… wie wohl, zu Hause, angekommen« Du Dich bei mir fühlst? Zu Hause im Nichts? Angekommen im Nirgendwo? Das hast Du mir zu verstehen gegeben, zuvor, während unserer Treffen und in diesem Brief – dass ich nichts bin für Dich, dass sich alles nur um Dich dreht.

Der vierte Absatz. »Auch das bisschen Nähe, das entstanden ist …« – das Bisschen. Ich weine. Ich blute. Ich habe nie von Dir geträumt, ich habe Dich am Tage gesehen! Habe Dich in mein Herz gelassen. In das bisschen Herz. Deine Krallen. Scharf und gezielt Hiebe austeilend.

Im folgenden Satz kommt, was kommen musste. Er, der Vorgänger, der, der Dir alles war und ist. Er, derjenige, der sagte: »Meine Neue, das ist die, nach der sich jeder Mann umdreht!« Liebenswert. Er, der auszog in eine neue Stadt und sagte: »Ich warte auf Dich. Es gibt keine andere für mich. Nein, ich lebe allein. Ja, sicher.« Geheuchelt? Er, der vor vier Jahren – oder waren es acht? – auszog und Dich zurückließ. Oft hatte ich das Gefühl, Du wolltest Dich an mir stellvertretend für ihn rächen. Ich verstieß das Gefühl, es passte nicht zu meiner Blindheit.

Dann folgt die Hybris. Du kommst nicht weiter, schreibst Du, mit dem, was es (stellvertretend für ich) Dir bedeute, und schwenkst vornehm in die Angstdiskussion. Du hast Angst. Da passt der nächste Satz hervorragend: »Für mich ist es einfacher, Schnee zu beschreiben …«

Sehr schön. Schnee. Weiß, unschuldig, kalt. Fällt aus allen Wolken, meist im Winter in Deutschland – auch andernorts – oder in Alaska. Danke. Dann fällt Dir als Nächstes ein, dass Du traurig bist. Dir fehlen unsere Gespräche und Treffen. Aber Du hast doch Angst! Angst vor Lügen. Angst vor Verletzungen. Angst vor Enttäuschungen. Wie also Gespräche? Wie Treffen? Und: Angst vor intimer Nähe! Das ist das Beste. Dazu sage ich: Du! Lüsternes Frauenzimmer! Angst vor intimer Nähe? Ich glaube nicht, dass Du sie kennst, die Bedeutung des Wortes intim. Erinnerst Du Dich an den zweiten Abend, als ich gehen musste? Du kannst Dir vorstellen, warum, wenn Du Dich erinnern kannst – willst. Und dazu, warum ich nun überhaupt nichts mehr von Dir wissen möchte! Weil Du nicht weißt, wer Du bist und was Du willst und in Deinem Eifer jeden ausnutzt – jede Intimität ausnutzt. Oder tust Du es wissentlich? Ja, das Bild der Rache wird klarer, je länger ich darüber nachdenke. Ich für ihn. Jeder für ihn. Schon im vorletzten Absatz, jedes Wort nur noch über ihn. Er. Der. Der eine. Ich dagegen … Ich habe mich gewundert, warum Du nie wütend auf ihn warst. Aber ich habe es in meiner Blindheit … Rache ist süß. Wie süß war ich Dir?

Das Interessante ist die Art von – ich bezeichne es als – Schizophrenie, die im letzten Absatz auftaucht. »Ich weiß nicht, ob ich jetzt nicht schon wieder nur an der Oberfläche schwimme« – das weißt Du genau! – »… mit den Dingen, die ich erklären wollte«. Du hast rein gar nichts erklärt! Und in Klammern steht danach »(sicherlich)«. Dieses lächerliche »Sicherlich« am Ende in Klammern, was soll es bezwecken? Ich habe das Gefühl, dass alles nur Zweck ist, jedes Wort Kalkül. Wahrscheinlich soll es heißen: Sieh her! Ich sehe ein, bin einsichtig. Und der folgende Satz erst: »Es ist zumindest ein Versuch.« Du relativierst sofort. Ein Schritt vor, zwei zurück. Ich fasse zusammen: »Ich weiß nicht« (Du weißt es), »schon wieder« (ja, schon wieder, Armes), »Oberfläche« (immerfort nur Oberfläche), »Dinge erklären« (nichts erklären), »sicherlich«. Danke.

»Sicherlich ist jetzt nicht alles gesagt«, leitest Du den Schlusssatz ein, sicherlich hat es Dir das Wörtchen angetan. Aber: Du hast Recht. Wirklich lang nicht alles ist gesagt. Im Grunde rein gar nichts. Sicherlich! Wenn ich Deinen Brief zu Ende lese, spüre ich die Krallen. Ich habe Dir vertraut, habe Dich eingelassen. Du hast mir eine Wunde geschlagen. Sie heilt.

Letzter Satz: Du wünschst mir, dass es mir wieder besser gehen soll. Wozu? Woher weißt Du überhaupt, dass es mir schlechtgeht? Ich habe Dir nichts davon erzählt. Wir haben seither nicht mehr gesprochen, nachdem ich Dir sagte, ich möchte Dich nicht wiedersehen und nicht hören. Du kannst es nur wissen, wenn Du davon ausgehst, dass Deine Krallen ihre Wirkung getan haben. Also hier: die Bestätigung: Du hast mir wehgetan! Also doch: Rache. Aber: ich komme drüber weg.

Ich schicke Dir diesen Brief und es ist meine letzte Antwort.

*

Michael B.

»Dieser Brief bezeichnet das Ende einer Affäre, die eigentlich keine richtige war. Dafür war es furchtbar. Ein weiterer Kommentar erübrigt sich!«

Liebe K.,

was spielt es für eine Rolle? Du leuchtetest in einer orangefarbenen, ausladenden, weitgeschnittenen Bluse, unter der sich Brüste abzeichneten, die so füllig waren, dass sie, obwohl Du aufrecht saßest, beinah den halben Tisch bedeckten. Wie bei dickbäuchigen Männern habe ich mich gefragt, ob Du deshalb nicht die ganze Zeit Rückenschmerzen haben müsstest. Als Du mich erblicktest, erkannte ich das besitzergreifende Funkeln, dass ich bei Frauen des Öfteren gesehen habe, die mir zum ersten Mal begegnet sind, und ich fragte mich, ob Du meine Anzeige auch richtig verstanden hattest. »Kein Sex, keine Beziehung« war die oberste Zeile, der Rest im Grunde egal.

Eigentlich wollte ich gleich wieder gehen, Du wolltest mich zu sehr. Doch meine Arroganz stand meiner Selbsteinsicht, die Eitelkeit meiner Bescheidenheit im Wege. Alleinsamkeit drängte nach hörendem Herzen. Ich fühlte mich geschmeichelt und setzte mich. Ich weigere mich und will nicht erinnern, worüber wir gesprochen haben, ich weiß nur, wie sehr Dir meine Lippen, mein Mund gefielen, den Du nicht aufhören konntest, nie aufhören konntest, bei jeder Gelegenheit anzustarren. Ich war offen. Geschmeichelt, aber aufrichtig. Schnell wurde ich Dir anstrengend, Deine Brüste wogten gleich mürrischen Wellen am Strand, die mit jeder Wiederkehr ein Stück des Landes auffressen. Du hörtest nur noch jedes zweite oder fünfte Wort von dem, was ich sagte – ich fühlte Dich nagen. Der Abend war kurz. Du erwähntest oft, wie alt Du Dich fühlst.

Nach wenigen Tagen riefst Du an und fragtest mich, ob wir gemeinsam ein Café besuchen möchten. Ich war müde und hatte Lust auf Gesellschaft. Es wäre, so dachte ich, besser, als die Zeit mit meinen Gedanken zu wälzen, erfrischend, ein wenig Herbstluft zu schnuppern, und der Eindruck, den Deine Brüste auf mich gemacht hatten, ließ mich leise schmunzeln. Du hattest bereits bestellt und lächeltest freundlich, als ich eintrat – zurückhaltender. Dieses Mal trugst Du einen baumwollenen, daumendicken, grünbraun gestreiften Rollkragenpullover und Deine Brüste waren kaum zu erkennen, denn wie ein Teppich hing der Stoff von Deinem Kinn bis unter den Tisch. Ich war müde. Du erzähltest mir, wie alt Du Dich fühlst. Du erzähltest mir von Deiner letzten Beziehung und davon, dass der Mann vor vier Jahren Zigaretten holen gegangen sei und Du seither auf ihn wartest. Du erzähltest mir von Deinen Schmerzen. Habe ich schon erwähnt, dass Du mit jedem zweiten Satz sagtest, wie alt Du Dich fühlst? Was spielt es für eine Rolle.

Um nicht unhöflich zu sein, versuchte ich, Dich aufzumuntern, und machte dabei ein große Geste, etwa als wäre ich Angler und würde anzudeuten versuchen, wie groß der Fisch hätte sein können. Ich kam Dir nah. Dabei stürzte sich Deine Hand auf meine, wühlten sich Deine Finger zwischen meine Finger. Erinnerst Du Dich? Ich erschrak und genoss doch das Gefühl. Wir taten eine Zeitlang gleichzeitig Schwimmbewegungen mit verklebten Händen. Der Abend war kurz. Ich wollte Dich nicht wiedersehen.

Nach noch weniger Tagen als zuvor riefst Du mich wieder an und wolltest mich besuchen. Du kamst, ich sagte ja, denn diese Berührung hing mir noch nach wie vielleicht meine zweite oder fünfte wirkliche Umarmung. Und ich wollte sehen, worin du Deine Brüste dieses Mal verpackt hattest. Ich wollte Dich aber auch fragen, worauf das Ganze hinauslief, wollte es persönlich klären, wie es so meine Art ist. (Verweis auf Eitelkeit und Arroganz.) »Hast Du vergessen?«, wollte ich fragen, »kein Sex, keine Beziehung!« Ich meinte es nach wie vor ernst, dachte ich.

Wir tranken Wein, weißt Du noch? Und ich sah, wie Du unverhohlen alles von mir wolltest. Du erzähltest, wie alt Du Dich fühlst, von Deinen Schmerzen, dem Verflossenen und davon, wie alt Du Dich etc. Jedem Deiner Worte folgte ein taxierender Blick auf meine Lippen, meinen Mund, meine Hände. Noch bevor ich fragen konnte, sagen konnte, was ich zu fragen und zu sagen hatte, hattest Du mich ergriffen, und ich gab nach. »Nein! Keine Küsse!«, warfst Du mir einen kalten Brecher entgegen, Deine Brüste schrien nach meinen Händen. »Küsse gehen mir zu nah.« Während Du mir zeigtest, wie Du es gerne hättest, erzähltest Du die alte Leier: Vom Alt. Vom Leid. Vom Verlassen. Vom Alt.

Ich erinnerte mich daran, dass eine Frau mir erzählt hat: »Sieh sie Dir genau an. Wenn sie jammert und stöhnt und dabei die Augen verdreht – alles nur gespielt!« Ich dachte mir bereits, dass Du eine gute Schauspielerin bist. Ich dachte mir, das passiert jetzt, weil ich Dir damit einen Gefallen tue. (Besonderer Verweis auf Arroganz und Eitelkeit.) Danach fühlte ich mich schlecht. Ich fühlte mich alt, und es tat weh. Ich fühlte mich alleinsamer als vorher.

Ich fühlte mich alt, sagte ich schon, Du fühltest Dich wohl. »Ich fühle mich wohl bei Dir«, sagtest Du, und: »Rate warum?« Ich bin nicht sehr kindisch, wollte nicht spielen.

Als Du gegangen warst, habe ich Verschiedenes gespürt, erst: Wut auf Dich. Und dann bemerkt, dass ich wütend bin auf mich, denn ich wollte nicht, was ich bekommen habe, und habe doch bekommen, was ich wollte. Es tat nicht weh, als Du gegangen warst, im Gegenteil, ich war und bin – froh. Vielleicht seither, meine Liebe, bin ich außerdem ein wenig weniger arrogant, ein wenig weniger eitel. Ich denke, nun ist alles geklärt, etwas. Ich denke, vielleicht war ich es, der Dir all das erzählt hat. Vom Alter, vom Schmerz, vom Verlassensein.

Vom Alter.
Der alltäglichen Einsamkeit.
In der Stadt.
Vom Schmerz.
Wenn jeder Tag grau ist und zu kurz;
und so schnell kommen so viele Tage;
und wenn die Sonne scheint, scheint das Grau nur heller.

Nicht Dein M.

*

Fritz S.

»Die Beziehung begann im Internet – ohne Absicht und ohne, dass einer von uns beiden darauf vorbereitet gewesen wäre. Per E-Mail haben wir uns dann ein Luftschloss aufgebaut, woraus eine ernste Fern-Beziehung entstand, die auch zweieinhalb Jahre lang gut funktionierte – bis es verschiedene Vorstellungen vom weiteren Lebensweg gab.«

Hallo Jenny,

es ist kein besonders guter Morgen, und ich fühle auch, dass dies kein besonders guter Tag wird. Ich trinke einen Kaffee, aber er schmeckt mir nicht. Mir fällt es ohnehin schon schwer, etwas zu schmecken. Gefallen finde ich mittlerweile auch nicht mehr daran, etwas zu tun. Ich bin in dieses widerliche Loch gefallen. Ich habe das Gefühl, als müsste ich einen Weg finden, da wieder herauszukommen. Aber ich falle immer weiter hinein. Ich versuche, einen klaren Gedanken zu formulieren – ohne Erfolg.

Alles ist anders geworden, seitdem Du mich verlassen hast. Oder habe ich Dich verlassen? Ich weiß es nicht. Ich fühle, dass ich mich verändere. In jeder Sekunde und in jeder Minute fällt ein Teil von mir ab. Aber es kommt nichts hinzu. Es wird nicht besser. Es sollte besser werden, das weiß ich. Aber jeder Tag ohne Dich macht mich krank. Meine Gefühle zerfallen, mein Herz verrottet, und meine Liebe stirbt. Ich kann nichts dagegen tun. Es gibt keinen Weg zurück. Dieser Weg wäre nur ein falsches Aufbäumen gegen die Realität. Ja, ich liebte Dich. Und Du liebtest mich auch. Vielleicht liebst Du mich immer noch. Vielleicht geht es mir deswegen so schlecht. Ich weiß nicht, ob ich Dich noch liebe. Es ist ja nichts Schlimmes passiert. Wir unterhielten uns, und ich wollte Dir nicht wieder vormachen, dass ich so einfach von hier wegkönnte. Ich erzählte Dir, dass es ja vielleicht besser wäre, wenn Du nun erst einmal auf eigenen Beinen stehst. Es war auch schon in Ordnung. Du warst einverstanden damit, dass wir nun noch das dritte Jahr getrennt voneinander leben müssten. Ich hatte Dir da etwas vorgemacht, als es um das Zusammenziehen ging. Aber das war gegessen, sagtest Du. Du hast es verstanden, und dann wieder nicht. Vielleicht wolltest Du mich nicht verstehen. Du bist besonders gut darin, in allem etwas Negatives zu sehen. Du deutest selbst ein Kompliment negativ. Das kann einen fertigmachen.

Du kannst vielleicht nichts dazu. Aber es zerreißt mich innerlich. Es war also ein Missverständnis. Aber das würdest Du niemals zugeben. Du möchtest, dass ich mich entschuldige und Dir Recht gebe. Aber das kann ich nicht.

Das wäre falsch. Es würde mich erniedrigen, meine Position in der Beziehung untergraben. So würde es immer weitergehen. Du würdest mich missverstehen, ich müsste mich entschuldigen, danach wäre es erst einmal gut. Bis zum nächsten Mal. Ich würde das irgendwann akzeptieren. Ich würde ein Hund werden, dessen Leine immer stärker gespannt wird. Nun ist sie gerissen.

Vielleicht ist es schon zu spät. Ich keuche nur noch und habe Wunden am Hals. Und ich vermisse Dich. Das ist schrecklich. Ich hoffe, dass Du das auch erkennst. Nicht wieder um Gnade winseln. Um keinen Preis der Welt. Es muss irgendwie weitergehen. Ich denke viel zu viel darüber nach, wie es Dir wohl dabei ergeht.

Es ängstigt mich. Ich habe Deine Wunden am Arm gesehen. Sie ängstigen mich noch mehr. Ich kann es verstehen und habe trotzdem kein Verständnis für so eine Tat. Jeder sollte tun und lassen, was er will. Aber sich von sich selbst zu trennen ist für mich nicht nachvollziehbar. Eher würde ich einfach abhauen. Alles stehen- und liegenlassen und einfach weg. Aber das tue ich bereits. Die Wildnis ist unter den Menschen. Draußen ist nichts wild. Es existiert nicht mehr. Und ich bin allein.

Fritz

*

Eugene O'Neill

Eugene O'Neill (1888–1953), amerikanischer Dramatiker, 1936 mit dem Nobelpreis für Literatur ausgezeichnet, sammelte auch auf der Bühne seines Lebens Tragödien um sich herum. Seine erste Ehe scheiterte 1912 nach zwei Jahren. O'Neill, bereits in jungen Jahren dem Alkohol verfallen, versuchte, sich umzu-

bringen. Was ihm nicht gelang, schaffte der aus dieser Ehe entsprungene Sohn Eugene jr. 1950 im Alter von vierzig Jahren. Auch der heroinabhängige zweite Sohn Shane, der aus der 1918 geschlossenen Ehe mit Agnes Boulton hervorging, schied durch Freitod aus dem Leben. Das zweite Kind der beiden, die Tochter Oona, wurde von O'Neill verstoßen, nachdem sie 1943 achtzehnjährig Charlie Chaplin geheiratet hatte. Mit seiner dritten Frau, Carlotta Monterey, blieb O'Neill schließlich von 1929 bis zu seinem Tod zusammen.

In dem nachfolgenden Brief verabschiedet sich der Schriftsteller wegen der beginnenden Affäre mit Carlotta Monterey von seiner zweiten Ehefrau Agnes Boulton.

Montagabend, 26. Dezember 1927

Liebste Agnes,

vor kurzem habe ich Dein Telegramm bekommen, in dem Du schreibst, dass Du es verstehst. Ich frage mich, ob Du dies wirklich tust. Nun, ich will nicht um den heißen Brei herumreden, sondern gleich auf den Punkt kommen. Ich liebe jemand anderen. Sehr innig. Daran besteht nicht der geringste Zweifel. Und dieser jemand liebt mich. Dessen bin ich mir absolut sicher. Und unter diesen Umständen fühle ich mich außerstande, mit Dir zu leben, auch wenn Du dies von mir verlangen würdest – was Du sicherlich nicht tust, davon bin ich überzeugt –, wäre es doch für Dich eine noch tiefere Erniedrigung Deiner edlen Gefühle als für mich, den Versuch zu unternehmen, aus welchen Gründen auch immer, den Anschein von Mann und Frau zu wahren.

Oft haben wir uns gegenseitig versprochen, dass, wenn einer von uns beiden zum anderen käme und sagte, dass er jemand anderen liebt, dass wir dies verstehen würden, dass wir wissen würden, dass die Liebe etwas ist, das sich weder verleugnen noch bestreiten lässt, dass man sich der Liebe stellen muss. Und dies ist, was ich nun von Dir verlange und was mir jetzt selbst klar ist. Ich bin überzeugt, dass ich im umgekehrten Fall das Unvermeidliche akzeptieren könnte. Und ich weiß, dass Du, und wenn es nur aus dem Grund ist, dass Du Dich mit Güte an unsere gemeinsamen anstrengenden Jahre erinnerst und daran, dass ich versucht habe, Dich glücklich zu machen und mit Dir glücklich zu sein, Dich mir gegenüber mit derselben Freundschaft verhältst. Schließlich weißt Du, dass ich Dir immer treu gewesen bin, dass ich nie ausgezogen bin, um die Liebe zu suchen, dass, wenn meine Liebe zu Dir nicht gestorben wäre, mir auch keine neue Liebe begegnet wäre. Und, ich glaube, ich habe dies in meinem letzten Brief gesagt, wenn Du ehrlich bist und in Dein eigenes Herz hineinschaust, wirst Du darin keine echte Liebe mehr für mich finden. Was uns in den letzen Jahren zusammengehalten hat, war tiefempfundene, edle Zuneigung und Freundschaft, und das werde ich immer für Dich empfinden. Es hat Momente gegeben, da unsere Liebe wieder aufflackerte, doch Du musst zugeben, dass diese immer seltener wurden. Auf der anderen Seite wurden Momente von grausamem Hass sichtbar, eine giftige Bitterkeit und Abneigung, ein grausames Verlangen zu verletzen, Wut, Frustration und Rache. Das hat unsere Chancen auf ein gemeinsames Glück zerstört. Unsere Ehre und unsere Selbstachtung wurden zu oft gekränkt, es gab zu viele hässliche Szenen, die man vielleicht vergeben, im tiefsten Inneren aber nicht vergessen kann und die eine Liebe, egal wie stark sie ist, weder überstehen noch überdauern kann.

Ich gebe Dir keine Schuld. Ich war genauso daran beteiligt, vielleicht noch mehr als Du. Eigentlich trägt keiner von uns beiden Schuld. Es ist das Leben, das uns zu dem gemacht hat, was wir sind.

In meinem letzten Brief habe ich nicht erwähnt, dass ich verliebt bin, weil ich denke, dass wir, auch wenn ich nicht so tiefgründig und innig in jemand anderen verliebt wäre, unsere Ehe beenden sollten, um jedem von uns die Möglichkeit zu geben – zu einer Zeit, wo wir beide noch in einem Alter sind, in dem immer noch Aussichten bestehen –, das Glück zu finden, sei es allein oder in einer anderen Beziehung. Bald würde es dafür zu spät sein. Und wenn wir es nicht geschafft haben, uns gegenseitig glücklich zu machen, so schulden wir einander eine neue Chance auf das Glück umso mehr.

Objektiv betrachtet bin ich davon überzeugt, dass Dir die Freiheit, zu tun, was Du möchtest, viel bedeutet. Du kannst zum Beispiel nach Europa gehen, was Du immer gewollt hast – dort leben oder irgendwo sonst, wo Du möchtest. Du kannst für den Rest Deines Lebens Spithead zu Deinem persönlichen Zuhause machen. Ich werde niemals mehr nach Bermuda gehen. Sofern mich keine Katastrophe ereilt, kannst Du einigermaßen sicher sein, dass Du von mir immer genug Einkünfte haben wirst, um komfortabel und in Würde zu leben. Du weißt, dass ich nicht geizig bin, dass ich alles tun werde, was fair ist, dass ich alles, was ich kann, für Dich tun will. Und, darüber hinaus, wirst Du Deine eigene Chance haben, jemand anderen zu heiraten, der Dich liebt und glücklich macht. Ich bin glücklich mit meiner neuen Liebe. Ich bin überzeugt, dass ein ähnliches Glück auf Dich wartet. Es erscheint mir offensichtlich, dass es so sein muss.

Wenn ich sage, dass ich jetzt glücklich bin, so ist dies die reine Wahrheit. Das Einzige, was mich traurig macht, ist, was ich in meinem letzten Brief zum Ausdruck gebracht habe – ein bitteres Gefühl der Traurigkeit, wenn ich an all unsere gemeinsamen Jahre denke und was die Zeit uns angetan hat. In solchen Momenten fühle ich mich des Lebens überdrüssig und ohne Hoffnung. Sie geben mir das unerträgliche Gefühl, dass es vielleicht nicht in der Natur des Lebens liegt, dass die edlen, schönen Dinge über wirklich lange Zeit Bestand haben, dass es das Schicksal der Menschen ist, genau das ineinander zu zerstören, worauf ihr beiderseitiges Glück basiert. Eine Art kosmischer, irischer Melancholie, nehme ich an! Ansonsten bin ich seltsam glücklich. Etwas Neues in mir hat das Licht der Welt erblickt. Ich sage Dir dies im Vertrauen darauf, dass Deine Freundschaft dies verstehen mag, darüber erfreut sein und mir Glück wünschen kann – und mich freigibt, um mit diesem Glück zu leben.

Ich meine, lass Dich von mir scheiden. Dies hatten wir für den Fall ausgemacht, der jetzt eingetreten ist, nicht wahr? Es ist die einzige faire Lösung – genauso fair für Dich wie für mich, da es uns beiden die Freiheit schenkt. Eine Trennung ist nur etwas für Leute mit religiösen Skrupeln. Eine Trennung ist zerstörerisch, da sie gleichzeitig trennt und verbindet. Sie zwingt beide Parteien zu allerlei verstohlenen Affären. Sie verwandelt eine mögliche Freundschaft zwischen Leuten, die sich einig waren, sich nicht einig zu sein, in Hass und Rache von erbitterten Feinden.

Doch ich möchte in diesem Brief nicht darauf eingehen, was getan werden sollte – ich meine, Vereinbarungen über dies und das und jenes. Was die Kinder anbelangt, gilt, was ich in meinem letzten Brief gesagt habe, und muss nicht wiederholt werden. Wenn Du vorbeikommst, kann all dies besprochen werden. In diesem Brief geht es lediglich darum, dass Du einsehen *musst*, dass diese Entscheidung endgültig ist, dass wir nie mehr zusammenleben können, dass ich nie mehr wieder nach Bermuda komme, dass wir, wenn Du herkommst, getrennt leben müssen, dass wir versuchen müssen, uns als Freunde zu treffen, die einander helfen wollen, dass wir Szenen, Klatsch und billiges Aufsehen vermeiden müssen, dass wir unseren Mund halten müssen, dass wir dafür sorgen müssen, dass sich die Welt um ihre eigenen Angelegenheiten kümmert und unser Unglück nicht zur hinterhältigen Nachahmung missbraucht, dass wir daran denken müssen, dass unsere Kinder uns eine Scheidung verzeihen und es verstehen werden, doch es weder verzeihen noch verstehen würden – und sie hätten Recht –, wenn wir uns in den Schmutz ziehen ließen. Kurz gesagt, wir müssen uns wie anständige Menschen benehmen, im Bewusstsein, dass wir beide hitzig und sensibel sind und Gefahr laufen, uns durch Worte, Blicke oder was auch immer des anderen angegriffen zu fühlen, dass wir um unser selbst und der Kinder willen Freunde bleiben können und müssen, Freunde, die einander Glück wünschen. Ich weiß, wie ich mich verhalten würde, wenn ich an Deiner Stelle wäre – zu welchem Verhalten ich mich zwingen würde, selbst wenn ich Dich noch liebte und Deine Entscheidung mich vernichten würde. Ich vertraue darauf, dass Du dasselbe für mich tust. Du liebst mich nicht, und es dürfte nicht schwer sein.

Wenn Du einen Weg gefunden hast, damit umzugehen, wäre ich äußerst dankbar, wenn Du Deine Ankunft bis nach den Premieren verschieben würdest. Es wird nicht leicht für uns sein, zu tun, was wir tun müssen, und für mich wäre es ungeheuer schwierig, dann auch nur an meine Stücke zu denken, gerade wenn sie meine Gedanken am nötigsten brauchen. Doch wenn Du meinst, jetzt kommen zu müssen, dann tu es. Ich möchte nicht egoistisch sein, was dies betrifft.

Dies ist ein langer Brief! Es ist schrecklich hart für mich, Dir diese Dinge zu schreiben – es ist schrecklich, sich dem Ende von etwas zu stellen, das man jahrelang unter dem Herzen getragen hat – doch die Wahrheit ist die Wahrheit, und sie muss gesagt werden, um uns beiden gerecht zu werden, um uns beiden die Chance zu geben, wieder unsere Leben leben zu können.

Küss Shane und Oona von mir. Meine tiefste Zuneigung an Dich!

Gene

*

F. Scott Fitzgerald

F. Scott Fitzgerald, geboren 1896 in St. Paul, starb 1940 im Haus seiner damaligen Freundin, der Klatschkolumnistin Sheila Graham, in Hollywood. Dort hatte er sich die letzten drei Jahre seines Lebens als Drehbuchschreiber verdingt. Noch immer war er mit seiner Frau Zelda verheiratet, mit der er eine furiose, skandalumwitterte Ehe geführt hatte und für die er bis zu seinem Tod eine große Zuneigung empfand. In den 1920er Jahren galten die beiden als das Traumpaar unter den Intellektuellen Amerikas. Doch als Fitzgeralds schriftstellerischer Erfolg ausblieb, nahmen seine Alkoholprobleme überhand. Zelda erkrankte unterdessen psychisch, sie litt an Schizophrenie. Ab 1932, nach einem zweiten schweren Nervenzusammenbruch, war sie in verschiedenen Sanatorien untergebracht – im Highland Hospital in Asheville, North Carolina, kam sie bei einem Brand 1948 ums Leben.

AN ZELDA

April 1938,
Hollywood, Kalifornien

Ich konnte mich letzte Woche nicht dazu überwinden, Dir zu schreiben – ich war so wütend auf mich selbst und auch ganz schön auf Dich. Doch nun, da die Dinge sich setzen, kann ich alles mit einem gewissen Abstand betrachten. Wie ich Dir schon sagte, war ich ein kranker Mann, als ich von Kalifornien abfuhr – hatte Ende März einen hübschen kleinen Blutsturz, den Ersten in zweieinhalb Jahren –, und das Einzige, was mich überhaupt noch zusammenhielt, war die falsche Exaltation, wirklich ausgezeichnete Arbeit geleistet zu haben. Ich dachte, ich würde in Norfolk einfach herumliegen und mich ausruhen, aber das war eine Phantasievorstellung, denn ich hätte mich vorher, vor Antritt dieser Reise, ausruhen müssen. Getrunken habe ich dort oben nicht, *keinen Tropfen,* aber ich komme jetzt von dem elenden Gleis von tagsüber Koffein und nachts Chloral nicht herunter, und das ist genauso schlecht für die Nerven. Wie gesagt, wenn ich noch einen *hervorragenden* Film so wie »Three Comrades« fertigbekomme, denke ich, bessere Bedingungen aushandeln zu können – mehr Muße *und* mehr Geld.

Das sind jetzt eine Menge »Ichs«, um Dir zu sagen, dass ich mir Sorgen um Dich mache – mein Zustand muss Dich bedrückt haben, und ich fand, Du hättest etwas grandiose Vorstellungen darüber entwickelt, wie dieses Geld, das ich verdienen soll und als *Kapital* betrachte, auszugeben sei – ganz zu schweigen von diesem extravaganten Ausflug. Dr. Carrols Einstellung zum Geld ist einfach, dass er vorläufig Deine geschäftlichen Angelegenheiten regeln will, und das kann er tun, wenn Du auf bescheidenem Fuß und in Rufweite lebst. Persönlich ist es ihm gleichgültig, ob Du hundert im Monat oder zehntausend ausgibst – zweifellos könntest Du bei Letzterem pompös mit einem privaten Arzt reisen statt mit einer Pflegerin. Hier haben wir das erste Problem, mit dem Du es zu tun kriegst, wenn Du versuchst, wieder in die Welt zurückzukehren + ich hoffe, Du bemühst Dich, das mit unseren Augen zu sehen, und passt Dich an. Du bist nicht mit einem reichen Millionär von dreißig verheiratet, sondern mit einem ganz schön gebrochenen und vorzeitig gealterten Mann, der keinen Penny besitzt, außer was er noch aus einem müden Geist und einem kranken Körper herauspressen kann. Mir ist jede Beziehung recht, die Du möchtest, aber ich habe nichts von Dir gehört, und ein Wörtchen würde mich beruhigen, denn ich bin immer um Dich besorgt

Scott

Oh, Zelda, dies musste so ein kühler Brief sein, aber ich habe ganz andere Gefühle für Dich. Wir waren einmal ein einziger Mensch, und ein bisschen wird es immer so bleiben.

Fernando Pessoa

Fernando Pessoa (1888–1935) schrieb nicht nur Gedichte, sondern erfand auch gleich die Dichter dazu. Pessoa veröffentlichte unter verschiedenen Namen, denen er jeweils eine eigene Biografie zuordnete. Das konnte verwirrend sein, hatte aber System und ging so weit, dass eines seiner Alter Egos das Vorwort zum Gedichtband eines anderen verfasste und sich dabei auf ein drittes bezog. Pessoa publizierte nur zwei Bücher in seinem Leben, die restlichen Werke landeten in einer Truhe, in der sich nach seinem Tod über 27000 Manuskripte fanden. Pessoa, psychisch krank und alkoholabhängig, lebte in einer Scheinwelt und strebte offenbar nicht nach irdischem Glück. So erlosch auch die Flamme seiner großen Liebe zu Ophélia Queiroz, die er 1920 kennengelernt hatte, schon nach einem halben Jahr wieder. Im nachfolgenden Brief vom November 1920 verabschiedet er sich von ihr. Neun Jahre später sollten sie noch einmal für kurze Zeit zusammenkommen. Sie war die einzige Geliebte in seinem Leben. Beide bewahrten die Briefe des anderen bis an ihr Lebensende auf.

Liebste Ophélia [Ophelinha]:

...

Die Zeit, die menschliche Gesichter altert und das Haar ergrauen lässt, bereitet auch heftigen Leidenschaften ein Ende. Nur geschieht dies noch viel schneller. Die meisten Menschen sind dumm. Sie meinen, weiter zu lieben, denn sie sind daran gewöhnt, zu lieben. Wäre es nicht so, gäbe es keine glücklichen Menschen in der Welt. Diese Sinnestäuschung ist Menschen mit höherem Bewusstsein nicht vergönnt. Sie glauben nicht, dass die Liebe andauert. Ist die Liebe vorbei, machen sie sich nicht weiter vor, zu lieben. Diese Menschen prägt die Ehrfurcht und die Dankbarkeit, die ihnen die Liebe hinterlässt ... Meinerseits ... ist die Liebe vorbei. Doch empfinde ich für Dich eine immerwährende Zuneigung, und ich werde nie – nie, glaub' mir – weder Deine bezaubernde Erscheinung noch Deinen kindlichen Charme, weder Deine Zärtlichkeit noch Deine Hingabe und Deine Art zu lieben vergessen.

Kann sein, dass ich mich irre und dass die Qualitäten, die ich in Dir sehe, meine Erfindung sind; doch glaube ich es kaum, und selbst wenn es so wäre, dann wäre es unhöflich, sie Dir nicht zuschreiben zu wollen.

Ich weiß nicht, was Du von mir zurückhaben möchtest, Briefe und anderes? Ich würde es vorziehen, Dir nichts zurückzugeben, und möchte stattdessen Deine Briefe als lebendiges Zeugnis einer versunkenen Vergangenheit aufbewahren, wie eine bewegende Kraft des Lebens, meines Lebens, in dem der Fortschritt der Jahre mit dem Lauf des Unglücks und der Desillusion Schritt hält.

Ich bitte Dich, mach' es nicht so wie gemeine Leute, die es immer hässlich machen; wenn Du vorübergehst, wende bitte nicht das Gesicht und erinnere Dich nicht an mich im Groll.

Verbleiben wir einander wie zwei Freunde aus der Kindheit, die sich ein wenig liebten, als sie jung waren, und die als Erwachsene anderen Gefühlen und Pfaden nachgingen. Verbleiben wir als zwei alte Bekannte, die sich in einem Eckchen der Seele die tiefe Erinnerung ihrer uralten und unmöglichen Liebe aufbewahren.

Dieser andere »Gefühlsweg« gilt Dir, liebste Ophélia, nicht mir. Mein Schicksal unterliegt einem anderen Gesetz, von dem meine kleine Ophélia nichts ahnt, und dieses Schicksal gehört immer mehr jenen Gebietern, die nichts gestatten und nichts übersehen. Du brauchst dies nicht zu verstehen. Es ist schon genug, wenn Du mich liebevoll in Deiner Erinnerung bewahrst, genauso wie ich Dich für immer in meiner Erinnerung bewahre.

Fernando

*

Charles Baudelaire

Charles-Pierre Baudelaire (1821–1867) war Lyriker, Übersetzer und Bohemien. Seine Gedichtsammlung »Les Fleurs du Mal« (1857) gehören zu den schönsten Werken der französischen Literatur. Bei einem literarischen Abendessen lernte er 1852 Apollonie Sabatier, Künstlermuse und Liebhaberin eines Grafen, kennen. Die folgenden fünf Jahre verehrte er sie platonisch und schickte ihr seine schönsten Liebesgedichte. Eines Nachts schließlich gab sie seinem Drängen nach, woraufhin der endlich erhörte Liebhaber sich schon am nächsten Morgen desillusioniert verabschiedete.

Paris, 31. August 1857

Ich habe die Flut von Albernheiten, die sich auf meinem Tisch angehäuft hatten, vernichtet. Sie schienen mir nicht ernst genug für Sie, liebe Liebste. – Ich lese Ihre beiden Briefe nochmals durch und schreibe eine neue Antwort.

Dazu brauche ich einigen Mut; denn meine Nerven tun so schrecklich weh, dass ich schreien möchte, und ich bin mit der unerklärlichen seelischen Verstimmung aufgewacht, die ich gestern Abend in mir trug, als ich von Ihnen fortging.

… völliger Mangel an Scham …

Gerade deswegen bist Du mir noch lieber.

Mir scheint, dass ich Dir gehöre, seit ich Dich zum ersten Mal erblickt habe. Du kannst damit machen, was Du willst, aber ich gehöre Dir, mit Körper, Geist und Herzen.

Ich rate Dir dringend, diesen Brief ja zu verbergen, Unselige! – Weißt Du überhaupt, was Du sagst? Es gibt Leute, die einen ins Gefängnis bringen, wenn man seine Wechsel nicht honoriert, aber keiner bestraft den Bruch der Freundschafts- und Liebesschwüre.

Darum habe ich Dir auch gestern gesagt: Sie werden mich vergessen; Sie werden mich verraten; der Mensch, der Sie erheitert, wird Sie langweilen. – Und heute füge ich hinzu: Nur derjenige leidet, der wie ein Narr die Dinge des Gemüts ernst nimmt. – Sie sehen, meine schönste Liebe, ich habe garstige Vorurteile gegen die Frauen. – Kurzum, mir fehlt der Glaube. – Sie haben eine schöne Seele, aber alles in allem ist es eine weibliche Seele.

Sehen Sie nur, wie unsere Situation sich in wenigen Tagen von Grund auf geändert hat. Zunächst sind wir beide von der Angst besessen, einem Biedermann wehzutun, der das Glück hat, immer noch verliebt zu sein.

Dann haben wir Angst vor unserem eigenen Ungestüm, weil wir wissen (ich vor allem), dass es Bande gibt, die sich nur schwer lösen lassen.

Und schließlich, ja, schließlich, warst Du vor ein paar Tagen eine Gottheit, und das ist so bequem und so schön, so unantastbar.

Jetzt bist Du Frau. – Und wenn ich zu meinem Unglück das Recht erwerben sollte, eifersüchtig zu sein! oh! schon der bloße Gedanke lässt mich schaudern! aber wegen einer Frau wie Sie, deren Augen allen Leuten mit so viel Lächeln und Gunstbezeigungen begegnen, muss man eine wahre Höllenpein erleiden.

Der zweite Brief trägt sein Siegel, dessen Feierlichkeit mir gefallen könnte, wenn ich ganz sicher wäre, dass Sie sie verstehen. Never meet or never part! Das besagt recht eigentlich, es wäre besser, man hätte sich nie kennengelernt, kennt man sich aber einmal, sich nicht mehr trennen sollte. Auf einem Abschiedsbrief nähme ein solches Siegel sich sehr hübsch aus.

Nun denn, komme, was kommen mag. Ich bin ein wenig fatalistisch. Aber eines weiß ich genau, nämlich dass mir vor der Leidenschaft graut – weil ich sie kenne, mit allen ihren Schändlichkeiten; – und jetzt wird das geliebte Bild, das alle Wechselfälle des Lebens beherrschte, allzu verführerisch.

Ich getraue mich nicht recht, diesen Brief nochmals durchzulesen; vielleicht sähe ich mich genötigt, ihn abzuändern; denn ich fürchte sehr, Ihnen Kummer zu bereiten; ich habe den Eindruck, dass ich wohl etwas von der hässlichen Seite meines Wesens habe durchblicken lassen.

Es scheint mir unmöglich, Sie einfach so in die garstige Rue J.-J. Rousseau gehen zu lassen. Denn ich habe Ihnen noch viele andere Dinge zu sagen. Sie müssen mir also schreiben, um mich Mittel und Wege wissen zu lassen.

Was unseren kleinen Plan betrifft, lassen Sie es mich ein paar Tage vorher wissen, wenn er sich verwirklichen lässt.

Leben Sie wohl, liebe Liebste; ich bin Ihnen ein wenig gram, weil Sie allzu zauberhaft sind. Bedenken Sie doch, dass ich, wenn ich den Duft Ihrer Arme und Ihres Haares mit mir forttrage, auch das Verlangen mitnehme, zu

Ihnen zurückzukehren. Und das wird dann zur unerträglichen Zwangsvorstellung!

Charles.

Ich bringe den Brief jetzt doch selber in die Rue J.-J. Rousseau, da ich fürchte, Sie könnten heute hingehen. – So ist er früher dort.

*

Martin S.

»Katrin war eine Person, wie ich sie in ihrer offen gelebten Emotionalität mit meinen siebzehn und ihren sechzehn Jahren niemals wieder gesehen habe. Für sie stellte ich damals einen unverständlichen Menschen dar, den sie nicht begreifen konnte, der ihr aber Halt gab in ihrer einstürzenden familiären Welt. Im Grunde war ich aber ein Junge, der sich, wo er nur konnte, verstellte, um seine Homosexualität nicht vor anderen zuzugeben. In unserer nur wenige Monate dauernden Beziehung, die alle als hauptsächlich von ihr kommend erkannten, warf sich Katrin mit voller Kraft hinein. Ich fühlte mich als ihr Ein und Alles, wollte so viel Verantwortung nicht und trennte mich, ohne ihr Rechtfertigung zu geben. Ein Jahr lang war ich weiter unehrlich zu ihr, in dieser Zeit entstand dieser Brief. Erst nach einem weiteren halben Jahr hatte ich mein Coming-out. Heute verbindet uns eine untrennbare Freundschaft. Sie ist für mich immer noch die schönste Frau der Welt, und sie hat mir das Weinen beigebracht. Daran werde ich mich immer erinnern.«

27. November 2005

Mit einer Tasse Kirschtee setze ich mich also hier an meinen Schreibtisch und antworte dir. Erst einmal möchte ich mich für deinen Brief bedanken. Es freut mich wirklich sehr, dass du so viel Hoffnungen und Wünsche mit mir verbindest und dass du durch mich dein eigenes Herz, dein eigenes Ich von dem der anderen unterscheiden kannst.

Was mich beim Gedanken an dich aber erfüllt, sind Schuldgefühle. Dass ich dein Leben damals so versaut habe. Vor allem durch die Trennung ohne ermessbaren richtigen Grund. Oder mein Verhalten, dass ich bei dir an den Tag legte. Dass du jetzt an dir selbst zweifelst, all das hast du nicht verdient. Dass ich dir bewiesen habe, was Egoismus ist, werde ich mir nie verzeihen. Es ist, als wenn wir einen Tausch auf deine Kosten vorgenommen hätten. Ich habe von dir eine Emotionalität bekommen, die die meine aus ihrem dunklen Tunnelsystem, in dem sie verzweifelt heulend festsaß, befreite. Dafür hast du einen Teil meiner Gefühlskälte bekommen, die ich entrümpelt habe. Du hast geschrieben, Goethes »Werther« verurteilst du als »romantisch-verklärten Egoisten und Möchtegern-Märtyrer«. Dabei habe ich immer deine romantische, im positiven Sinne naive Liebe geliebt. Eure beiden Persönlichkeiten sind nun mal hypersensible, in hohem Maße irrationale. Die Schuld liegt jedoch bei mir, die ich nur die Liebe des anderen liebte, aus reinem Egoismus und Egozentrik. Ich habe dich benutzt, getäuscht und falsche Hoffnungen in dir verwurzelt. Dass du Werther verurteilst, verletzt mich. Du drückst dich von deiner Rolle als Opfer weg, indem du dich selbst geißelst. Aber ich trage die Alleinschuld, du bist mein Opfer.

Und deshalb hoffe ich, dass du irgendwann glücklich und wieder zufrieden sein kannst. Um das zu erreichen, versuche ich, dir mit allem, was in meiner Macht steht, zu helfen; um meine Schuld bei dir ein wenig abzutragen.

Martin

*

Erik Z.

»Die nachfolgende E-Mail habe ich von meinem damaligen Freund bekommen. Diesem ›Ende‹ war ein Brief vorausgegangen, der meiner Mutter überreicht wurde und mir durch diese ausgehändigt wurde. Ich war entsetzt, vor allem von der Feigheit, mir nicht ins Gesicht sagen zu können, dass es aus und vorbei ist. Ich war arg verletzt, ja, regelrecht geschockt und habe dabei sicherlich überreagiert. Nun, nach einigem Hin und Her ergab sich dieser schäbige Brief per E-Mail. Hier wurden seine eigenen negativen Eigenschaften auf mich projiziert und seine eigenen Fehler mir auferlegt. Ein Gespräch kam ebenso nicht zustande. Zum Zeitpunkt des E-Mailwechsels war meine Tochter Sandra, von der hier ebenfalls die Rede ist, sieben Jahre alt. Sie stammt aus einer anderen Beziehung, ist nicht die Tochter von Erik.«

Liebe …,

›Vielleicht hast Du ja schon alles, was Dich an mich erinnern könnte, aus Deinem Leben verbannt? Nun, Du hast es ja schon einmal getan, hast uns mit dem Grund meines Telefonanrufs wegen der heruntergefallenen Kamera verlas-

sen – grundlos und mit hämisch unterlegten, frechen und gelogenen Tatsachen. Prinzessin rühr mich nicht an, wenn es Sandra nicht gegeben hätte, wäre es nicht so lange gegangen, beim ersten Mal tat's noch weh, ich sollte Dir sagen, wenn ich meine Tage habe, damit Deine Freunde darüber Bescheid wissen … Nun, wenn Deine Kamera heuntergefallen wäre, hätte ich keine Versicherung gehabt …

Alles abgrundtief verbrämte, verlogene Anschuldigungen.‹

Ich denke, was Du schreibst, zeigt unser Problem ziemlich deutlich auf. Es gelingt uns nicht, auf einer normalen Ebene zu kommunizieren. Ich sage Dir meine Meinung über irgendetwas – Du hast eine andere Meinung, aber anstatt diese zu diskutieren, bist Du drei Tage lang beleidigt und hältst mir Gesagtes später regelmäßig vor. Dann überlege ich mir natürlich das nächste Mal, ob ich noch etwas sage, und beim übernächsten Mal sage ich gar nichts mehr, um solche Konflikte zu vermeiden. Und somit erlischt irgendwann eine konfliktschlichtende Kommunikation gänzlich.

Nichts an dem oben Gesagten ist »verlogen«, wie Du schreibst, sondern offen und ehrlich. Vielleicht sind für Dich nur Worte ehrlich, die auch besonders charmant rüberkommen, aber den Spagat beherrsche ich wohl nicht besonders gut.

Auch dass mein Brief nichts mit Deiner Kamera zu tun hatte, sage ich Dir jetzt zum dritten Mal. Interessiert es Dich gar nicht, was ich Dir zu sagen habe?

Ist es Dir nicht wichtig? Und verlassen, wie Du schreibst, habe ich Euch auch nicht, sondern ich hatte Dir gesagt, dass ich hoffe, dass wir aus der Distanz erkennen, was uns aneinander liegt.

›Ich hatte mehrmals versucht, mit Dir über unsere Situation zu reden, leider war wohl nichts von meinen Gedanken bei Dir angekommen. Woran hat das wohl gelegen? Hast Du an Deine anderen Mädels gedacht?‹

Du hast mit mir über »unsere Situation« geredet? Vielleicht sind wirklich manche Dinge nicht bei mir angekommen, das muss ich mir wohl ankreiden lassen. Vielleicht bin ich nicht sensibel genug auf Dich eingegangen. Aber ich weiß auch, dass ich Dich oft gefragt habe, wo Dich der Schuh drückt und warum Du weinen musst, und ich weiß auch, dass ich oft keine Antworten auf meine Fragen bekommen habe und dass ich nächtelang überlegt habe und trotzdem nicht schlauer geworden bin. Auch auf wichtige Fragen aus meiner Mail von gestern hast Du nicht geantwortet. (Hast Du meine Nachrichten wirklich nicht bekommen, wie Du schreibst?) Und woher Deine völlig grundlose Eifersucht rührt, das weiß ich auch nicht. Vielleicht hast Du in Deiner früheren Beziehung so schlechte Erfahrungen gemacht, auch darüber hast Du ja nie mit mir gesprochen, aber ich wollte Dich auch nie dazu drängen. Ich weiß, dass es verschiedene Möglichkeiten gibt, um Vergangenes zu verarbeiten. Ich habe Deine Art, dieses zu tun, voll und ganz akzeptiert.

Vielleicht solltest Du einmal versuchen, ehrlich zu Dir selbst zu sein. Ich versuche das auch mit jedem Wort, das ich schreibe. Ich suche erst einmal nach den Fehlern bei mir selbst, denn wenn man diese nicht erkennt, läuft man Gefahr, denselben Fehler immer wieder zu machen.

›Du weißt ja nicht einmal, ob Du beziehungsfähig bist!!! Weißt Du es denn jetzt?‹

Ja, damit hast Du Recht, es kann sein, dass ich es nicht bin. Vielleicht habe ich mich zu sehr daran gewöhnt, die wenige Zeit, die mir nach oft siebzig Stunden Dienst bleibt, für mich selbst zu verwenden. Ich habe darüber in den letzten Wochen sehr viel nachgedacht. Ich bin als Einzelkind aufgewachsen, und da, wo ich groß geworden bin, durfte ich nie Freunde haben, ich war nie im Kindergarten oder im Hort und habe nie jemanden mit nach Hause bringen dürfen. Ich möchte nicht andere für meine Probleme verantwortlich machen, aber alles hängt irgendwie mit allem zusammen. Vielleicht werde ich das mit der Beziehungsfähigkeit erfahren, wenn ich noch einmal die Möglichkeit bekomme, mich auf eine Beziehung einzulassen. Im Moment weiß ich es wirklich nicht.

Du fragst mich nach der Anzahl meiner Beziehungen und Lieben? Auch wenn Du selbst darüber ja keine Auskunft gibst und ich auch nicht weiß, was Du davon ableiten willst, schreibe ich Dir darüber. Ich hatte vor Dir erst eine richtige Beziehung, nämlich die zu Cordula. Und geliebt habe ich auch erst einmal.

›*Hast DU schon mal geliebt?*
Ja, Dich, von ganzem Herzen und über alles!‹

Wenn es so ist, wie Du sagst, frage ich mich, warum Du mir das nie gesagt hast. Sicherlich haben wir beide verschiedene Auffassungen von Liebe. Für mich hat Liebe nichts mit der anfänglichen Verliebtheit zu tun, es geht nicht um die Tage, in denen man alles durch die sprichwörtliche rosarote Brille sieht.

Sondern es ist für mich das Bestehen im Alltag, es geht darum, die vielen kleinen & großen Probleme gemeinsam zu lösen. Was bedeutet denn Liebe für Dich?

›In unserem Urlaub in Meran war es das erste Mal, dass Du mich so beleidigend behandelt hast.

Sag mir doch bitte endlich mal, womit?‹

Es ging um den Umgang miteinander, irgendetwas war Dir zuwider, und Du hast tagelang nicht mit mir gesprochen. Du weißt das, wir hatten einige Tage später abends auf der Bank darüber gesprochen, ich denke nicht, dass Du das vergessen hast. Es war damals ein gutes Gespräch, und ich war stolz auf uns, ich dachte damals, wenn wir unsere Konflikte immer so klären, werden wir gut miteinander auskommen.

Was war denn passiert, weil Du schreibst, dass Du in ein Auto gelaufen bist? Hast Du Dich sehr verletzt?

Es wäre auch schön gewesen, wenn Du mir einen Satz mehr über Sandra & Dich geschrieben hättest. Hat sie eine gute Beurteilung bekommen? Wie geht sie damit um, dass wir uns nicht mehr sehen?

Hast Du ihr meine Karte gegeben? Hat sie sie selbst lesen können? Es ist gar nicht so einfach, wieder in Schreibschrift zu schreiben.

Melde Dich mal wieder,

Dein Erik

*

Thomas K.

»Im März 2004 lernte ich, frisch umgezogen, B. kennen. Trennte mich von F., um mit B. zusammen zu sein. Im Mai wurde B. versetzt und zog, mir zuliebe, auf die Hälfte der hundert Kilometer, die uns sonst getrennt hätten. Ich hatte ihr den Wunsch, zusammenzuziehen, abgeschlagen. Seit langem besaß ich mal

wieder eine Wohnung für mich allein. Ich wollte mir die Hintertür offenlassen, schnell Entscheidungen treffen zu können, falls die rosa Wolken weiterziehen. So verbrachte ich meist vier Nächte pro Woche bei ihr und hatte dazwischen kleinere Geschichten mit anderen.

Wir haben uns immer wieder vertragen und konnten mitten im Streit uns herzlich in die Arme fallen, ohne Ursachen zu erforschen. Anfang August 2006 fiel ich X auf, traf mich mit ihr, ließ es nebenbei laufen. B. ahnte es, sagte mir im Schwimmbad, dass sie nichts darüber wissen möchte und es dulden würde. Eine Woche Bedenkzeit erbat ich mir von B., nachdem X. eine Entscheidung wollte und B. sich siegessicher glaubte. Mitte September trennte ich mich von B. Ihrer Bitte, mich nie wieder bei ihr zu melden, kam ich nach.«

Die weiße Hose, dazu die auf Dein Oberteil farblich abgestimmten roten Schuhe fielen auf. Du wolltest durchsetzungsstark und kühl wirken – ich sah andere Dinge in Dir. Sagte ganz klar, dass ich eine Freundin habe und mir das nichts ausmacht. Du musstest doch wissen, dass das jederzeit wieder passieren kann. Dein Stil und der umwerfend charmante Witz zogen mich immer wieder zu Dir zurück, wenn ich mich schon im Gehen befand. Wie hemmungslos Du doch sein kannst, Dir ist völlig egal, was für Grimassen Du dabei schneidest. Später meist nur noch ins Kopfkissen – nicht zu laut, wegen der Nachbarn. Ich bin oberflächlich und verstehe es, tiefe Gefühle zu zeigen, und sagte Dir immer wieder Deine Fehler. Ich habe mich gern aufgespielt, war manchmal gereizt, oft viel zu selbstherrlich. Du würdest mich ja sowieso ewig lieben und mich könnte das langweilen. Unsere Sonntage glichen sich: still, jeder Handgriff vertraut, früh raus, Flohmarkt, Mittagessen vorbereiten, den nicht enden wollenden Nachmittag rumbekommen, Glotze bis zum Einschlafen. Immer öfter ein provozierter Streit, die Androhung zu gehen nutzte sich schnell ab, Du glaubtest eh nicht mehr daran. Auch nicht an Geschichten, die ich mit anderen haben sollte, wie Dir berichtet wurde. Du dachtest, ich hätte das nur in die Welt gesetzt, um mich wichtig zu machen. Das war mir auch ganz lieb so – Du hast nie geprüft, wenn ich M. als Grund für mein Wegbleiben angab. Nie ein Treffer dabei, der mich Abstand von Dir nehmen ließ, was ich mir manchmal gewünscht hätte. Konnte irgendwann Dein Gesicht nicht mehr ertragen, von ferne schon Deine Gemütslage ablesen und reagieren. Keiner machte Komplimente, wie schön Du bist, niemand, der Dich wollte – mir ist das wichtig.

Hast was aus Dir gemacht, mir reichte das nicht mehr. Waren meist zu zweit wegen Deiner Abkapselei und dem gleichgültigen Fernsehen. Nie war Besuch gern gesehen, ich musste für Unterhaltung sorgen. Manchmal durchschnitt ich die Stille mit peinlichen Geschichten von mir, um von Deiner Ungastlichkeit abzulenken. Hattest Phasen, in denen Du nur für Dich sein wolltest und nicht gesprochen hast.

Wärst Du doch aufgesprungen, rausgerannt und irgendwann zurückgekehrt – anstatt diese abwehrende Gereiztheit, die sich auf mich übertrug. Du wusstest, wie ich auf bestimmte Wörter reagiere, ich war durchschaubar und gefangen. Das zog mich dann zu ihr: die Sommerabende, gute Laune, die vielen anderen, mich in dieser Umgebung erleben. Ich fühlte mich geborgen inmitten ihrer warmen Familie, die mich bedingungslos aufnahm. Konnte gut abtauchen darin, um auch mal wieder hervorzupreschen. Wurde geherzt, willkommen geheißen und für tauglich befunden, mehr zu werden als ein vorübergehender Begleiter. Wir haben es anfangs ihrer Familie verschwiegen, und irgendwann dachte ich gar nicht mehr an Dich.

Wenn ich Dir also sagte, ich benötige Zeit, um über uns nachzudenken, hieß das, ich testete sie umso intensiver. Als ich dann bei Dir war, spürte ich die Last, nicht mehr für immer mit Dir zusammen sein zu müssen, weichen. Du hast mich gefragt, wie ich in dieser Zeit so liebevoll sein konnte. Ich war so voller Mut und Euphorie, die ich in alle Richtungen ausstrahlte. Wollte nicht mehr mit Dir auf der Couch sitzen und das Gefühl haben, schon scheintot zu sein und nur noch für die Arbeit zu leben.

Klar, ich hätte wieder die Energie aufbringen können, Dich zu packen und etwas zu unternehmen. Zu sehr mochte ich es jedoch, angetrieben zu werden und mich auf Entdeckungen einzulassen, die wir beide hätten nie machen können.

Als Du mal am Strand eingeschlafen bist, konnte ich ihr schreiben, wie es weitergeht. Wünschte jetzt noch, Du wärest aufgewacht, hättest mich dabei erwischt und ich hätte mich nicht noch feiger davonstehlen müssen.

*

Alain Delon

Alain Delon, geboren 1935 in Sceaux, gehört zu den berühmtesten französischen Filmstars seiner Zeit. Den Zenit seines Ruhmes erreichte er 1967 als »Der eiskalte Engel«. Zwischen 1959 und 1964 war er mit der österreichischen Schauspielerin

Romy Schneider liiert und feierte mit ihr gemeinsam in Filmen wie auch auf dem Theater große Erfolge. Nach ihrer Trennung standen sie 1968 wieder gemeinsam vor der Kamera: in Jacques Derays »Der Swimmingpool«. Es war der Beginn einer innigen Freundschaft.

Als Romy Schneider am 29. Mai 1982 in Paris im Alter von nur 43 Jahren überraschend starb, verabschiedete Alain Delon sich von ihr mit dem nachfolgenden Brief, den er in der Zeitung »Paris Match« am 11. Juni 1982 abdrucken ließ. Romy Schneider wurde in Boissy-sans-Avoir nahe Paris beigesetzt. Alain Delon sorgte dafür, dass man den Leichnam ihres Sohns David, der ein Jahr zuvor, vierzehnjährig, tödlich verunglückt war, zu ihrer Grabstätte überführte.

Adieu ma Puppele.

Ich sehe Dich schlafen. Ich bin bei Dir an Deinem Totenbett. Du trägst eine lange Tunika, schwarz und rot, mit Stickereien auf dem Oberteil. Es sind Blumen, glaube ich, aber ich schaue sie nicht an. Ich sage Dir adieu, das längste aller Adieus, mein Püppchen! So hatte ich Dich immer genannt. Ich schaue die Blumen nicht an, sondern Dein Gesicht. Und ich denke, dass Du schön bist, wahrscheinlich warst Du nie so schön wie jetzt. Ich denke auch, dass ich Dich zum ersten Mal im Leben so heiter und friedlich sehe. Man möchte sagen, dass eine sanfte Hand aus Deinem Gesicht alle Aufregungen, alle Ängste fortgewischt hat. Ich sehe Dich schlafen. Man sagt mir, Du seist tot. Wie bin ich schuldig? Man stellt sich diese Frage vor einem Wesen, das man geliebt hat und noch liebt. Dieses Gefühl überflutet einen, fließt dann zurück, und dann sagt man sich, dass man nicht schuldig ist, aber verantwortlich … Ja, das bin ich. Wegen mir, weil ich vor

25 Jahren ausgesucht wurde, Dein Partner in »Christine« zu sein. Du kamst aus Wien, und ich wartete in Paris mit einem Blumenstrauß in der Hand, von dem ich nicht wusste, wie ich ihn halten sollte. Aber die Filmproduzenten hatten mir gesagt: »Sobald sie die Gangway herunterkommt, gehen Sie auf sie zu und reichen ihr die Blumen.« Ich wartete mit den Blumen, wie ein Schwachsinniger, mitten in einer Horde Fotografen. Du kamst aus dem Flugzeug. Ich trat nach vorn. Du hast zu Deiner Mutter gesagt: »Wer ist dieser Junge?« Sie antwortete: »Das muss Alain Delon sein, Dein Partner …« Nichts weiter, kein Liebesblitz aus heiterem Himmel, nein.

Und dann ging ich nach Wien, wo man den Film drehte. Und dort habe ich mich wahnsinnig in Dich verliebt. Und Du hast Dich in mich verliebt. Oft haben wir uns gegenseitig diese Frage der Verliebten gestellt: »Wer hat sich zuerst in den anderen verliebt, Du oder ich?« Und wir antworteten: »Weder Du noch ich. Alle beide.« Mein Gott, wie waren wir jung und wie waren wir glücklich. Am Ende der Dreharbeiten sagte ich zu Dir: »Komm zu mir, um mit mir in Frankreich zu leben«, und Du sagtest mir sofort: »Ich möchte mit Dir leben in Frankreich.« Erinnerst Du Dich, ja? Deine Familie, Deine Eltern tobten. Und ganz Österreich, ganz Deutschland. Sie nannten mich einen Usurpator, einen Kidnapper. Sie klagten mich an, die »Kaiserin« zu stehlen. Ich, ein Franzose, der kein Wort Deutsch sprach. Und Du Püppchen, die Du nicht ein Wort Französisch sprachst.

Am Anfang liebten wir uns ohne Worte. Wir sahen uns an, und wir lachten. Püppchen … Und ich war »Pépé«. Nach ein paar Monaten sprach ich noch immer nicht Deutsch, aber Du sprachst Französisch, so gut, dass wir zusammen in Frankreich Theater spielten. Visconti führte Regie. Er sagte uns, wir glichen uns und wir hätten zwischen den Brauen das gleiche V, das sich kräuselte, aus Zorn, aus Lebensangst, aus Furcht. Er nannte es das »V Rembrandts«, weil, wie er sagte, dieser Maler dieses V auf seinen Selbstbildnissen hatte. Ich sehe Dich schlafen. Das »V Rembrandts« ist fortgewischt. Du hast jetzt keine Angst mehr. Du bist nicht mehr auf der Lauer. Du wirst nicht mehr gejagt. Die Jagd ist vorüber, und Du ruhst Dich aus.

Ich sehe Dich an, noch und noch. Ich kenne Dich so gut und so genau. Ich weiß, wer Du bist und warum Du tot bist. Dein Charakter, wie man sagt. Ich antworte ihnen, »den anderen«, dass Romys Charakter eben ihr Charakter war. Das ist alles. Lasst mich in Ruhe. Du warst verletzend, weil Du ungeteilt warst. Ein Kind, das sehr schnell und zu schnell ein Star wurde. Daher auf der einen Seite Deine Capricen, Deine Zornesausbrüche und Deine Kinderlaunen, immer berechtigt, sicher, aber mit unvorhersehbaren Folgen; auf der anderen Seite die berufliche Autorität. Ja, aber da ist das Kind, das nicht sehr gut weiß, womit es spielt. Mit wem. Und warum. In diesen Widerspruch, durch diese Bresche, brechen die Angst ein und das Unglück. Wenn man Romy Schneider ist und wenn man in der Blüte seines Lebens die Empfindsamkeit und das Temperament hat wie Du. Wie soll man ihnen erklären, wer Du warst und wer wir sind, wir, »die Schauspieler«? Wie ihnen sagen, dass wir durch das Spielen, das »Interpretieren«, das Ein-anderer-Sein als wir wirklich sind, wir Verrückte und Verlorene werden? Wie ihnen sagen, wie schwierig es ist, welche Charakterstärke und welches Gleichgewicht man braucht, um halbwegs aufrecht stehenzubleiben …? Aber dieses Gleichgewicht, wie sollen wir es in dieser Welt finden, wir, die Jongleure, die Clowns, die Zirkusartisten am Trapez, denen die Projektoren den Ruhm vergolden? Du sagtest: »Ich weiß nicht, was ich im Leben machen soll, aber im Film kann ich alles …« Nein. Die »anderen« können das nicht begreifen. Dass man umso ungeeigneter fürs Leben wird, je größer man als Schauspieler ist. Garbo, Marylin, Rita Hayworth … und Du. Und ich schreie, während Du Dich ausruhst, und ich weine, ganz nahe bei Dir, dass – nein, nein, nein – dieser schreckliche Beruf kein Beruf ist für eine Frau. Ich weiß es, weil der Mann, der ich bin, Dich am besten gekannt, Dich am besten verstanden hat. Weil ich auch ein Schauspieler bin. Wir waren von derselben Rasse, mein Püppchen, wir sprachen die gleiche Sprache. Aber ich, ich bin ein Mann. Sie können uns nicht verstehen, die »anderen«. Die Schauspieler, ja. Die »anderen«, nein. Es ist unerklärbar. Und wenn man eine Frau ist wie Du, können sie nicht begreifen, dass man »daran« sterben kann. Sie sagen, Du warst ein Mythos … Ja, sicher … Aber der Mythos ist nur eine Fassade, ein Widerschein, eine Erscheinung. Er ist König, Prinz, Sissi, Madame Hanau, die Möwe … Aber der Mythos geht am Abend heim.

Dann ist er nur noch Romy, nur eine Frau, mit einem schlecht verstandenen Leben, schlecht behandelt, schlecht beschrieben in den Zeitungen, angegriffen und verfolgt. Da verbraucht sich der Mythos, in der Einsamkeit. Er wird zur Angst. Und je mehr das ins Bewusstsein dringt, umso mehr verfällt man den Seligkeiten des Alkohols und der Beruhigungsmittel. Das wird Gewohnheit, dann zur Regel, dann zur Notwendigkeit. Dann wird es unersetzlich, und das Herz, verbraucht, bleibt stehen, weil es zu müde wurde, um zu schlagen. Es ist zu schlecht behandelt und herumgestoßen worden, dieses Herz, das nur das Herz einer Frau war, die am Abend vor einem Glas saß …

Man sagt, dass die Verzweiflung, die der Tod Davids mit sich brachte, Dich getötet hat. Nein, die Leute irren sich. Sie hat Dich nicht getötet. Davids Tod hat Dir nur den Rest gegeben. Es ist wahr, dass Du zu Laurent, Deinem letzten und bezaubernden Begleiter, Folgendes gesagt hast: »Ich habe den Eindruck, dass ich am Ende des Tunnels angelangt bin …« Es ist wahr, dass Du leben wolltest, dass Du das Leben geliebt hast. Dennoch ist es wahr, dass Du am Samstag im Morgengrauen das Ende des Tunnels erreicht hast. Dass Du die Einzige warst, die wusste, weil Dein Herz gebrochen war, dass es da war, das Ende des wirklichen Tunnels. Ich schreibe Dir aufs Geratewohl. Ohne Ordnung. Mein Püppchen, die Du so aggressiv, so voller Wunden bist. Du hast dieses Spiel, eine Frau der Öffentlichkeit zu sein, das Du gewählt hattest und das Du liebtest, nie akzeptiert und verstanden. Du hast nicht begriffen, dass Du eine Person der Öffentlichkeit warst und dass dies von großer Bedeutung war. Du hast das Spiel verweigert, alle Spiele, die dieser Beruf mit sich bringt. Du hast Dich angegriffen, durchbohrt, vergewaltigt gefühlt in Deiner Privatsphäre. Du warst immer auf der Hut, wie ein Tier, das verfolgt wird, »gehetzt«, wie man von einer Hirschkuh sagt. Und Du, Du hast gewusst, dass das Schicksal Dir mit einer Hand nahm, was es Dir mit der anderen gab.

Wir haben mehr als fünf Jahre miteinander gelebt. Du mit mir. Ich mit Dir. Zusammen. Dann das Leben … Unser Leben, das keinen etwas angeht, hat uns getrennt. Aber wir haben uns gerufen. Oft. Ja, das ist es genau: Wir haben uns »Zeichen« gegeben. Schließlich, im Jahr 1968, kam der Film »Der Swimmingpool«. Wir haben uns wiedergefunden, um zusammenzuarbeiten. Ich bin nach Deutschland gefahren, um Dich zu holen. Ich habe

David, Deinen Sohn, kennengelernt. Seit diesem Film bist Du meine Schwester, ich bin Dein Bruder. Alles war rein und klar zwischen uns. Keine Leidenschaft mehr. Besser als das: unsere Freundschaft lag im Blut, in der Ähnlichkeit und in den Worten. Und dann gab es in Deinem Leben nur noch Unglück und die Angst, die Angst ... Die anderen werden sagen: »Welche Schauspielerin! Welche Tragödin!« Sie wissen nicht, dass Du selbst diese Tragödin aus dem Kino bist, weil Du es in Deinem Leben bist und es sehr teuer bezahlst. Sie verstehen nicht, dass die Dramen Deines persönlichen Lebens auf die Leinwand zurückstrahlen, später, in Deinen Rollen. Sie können nicht ahnen, dass Du »gut« und »genial« im Kino bist, weil Du die Tragödien nebenher erlebst, und dass Du erschüttert bist, weil sich Deine persönlichen Dramen in Dir widerspiegeln. Und Du nur strahlst, weil sie Dich verbrennen. Oh, mein Püppchen, diese Arbeit voller Schmerzen! Habe ich mit Dir oder an Deiner Seite gelebt? Bis zum Tod von David gab es »den Beruf«, der Deinen Kopf über Wasser gehalten hat. Dann ist David gegangen. Und der Beruf hat nicht mehr ausgereicht.

Ich bin nicht erstaunt gewesen, als ich die Nachricht bekam, dass Du auch von uns gegangen bist. Worüber ich erstaunt gewesen bin? Über Deinen Nicht-Selbstmord. Aber dass Dein Herz gebrochen war, nein. Ich habe es gesagt: »Das war es, das Ende des Tunnels.« Ich sehe Dich schlafen. Wolfie, Dein Bruder, und Laurent kommen ins Zimmer. Ich spreche mit Wolfie. Wir erinnern uns an dieses Haus, das ich auf dem Land hatte. An die Dobermanns, die Dir so Angst gemacht haben. Wir erinnern uns an andere Geschichten ... Es ist mehr als zwanzig Jahre her, in Bayern, in einem kleinen Dorf. Wolfie war vierzehn Jahre alt, ich dreiundzwanzig und Du zwanzig.

Wir haben sehr gelacht, als man uns den Besuch des Präsidenten vom »Fan Club Romy Schneider« in Frankreich ankündigte. Wir haben ein großes junges Mädchen ankommen sehen, mit einer Brille, sehr schüchtern, sie hieß Bernadette. Als wir nach Paris zurückkehrten, haben wir sie angerufen. Sie wurde dann unsere Sekretärin, für sechs Jahre. Sie ist immer noch meine Sekretärin. Ich sehe Dich schlafen. Gestern noch hast Du gelebt. Gestern Nacht. Als Ihr ins Haus zurückkamt, hast Du zu Laurent gesagt: »Geh schon schlafen. Ich komme etwas später. Ich bleibe noch ein bisschen mit David und höre Musik.« Du hast das jeden Abend gesagt … Dass Du vor dem Schlafengehen allein sein wolltest mit der Erinnerung an Dein totes Kind. Du hast Dich hingesetzt. Du hast Papier und Bleistift genommen und hast Zeichnungen gemacht. Für Sarah. Du zeichnetest für Deine kleine Tochter, bis Du Herzschmerzen bekamst und plötzlich … So schön.

Schön, reich, berühmt, was hättest Du mehr gebraucht? Friede, ein bisschen Glück.

Ich sehe Dich schlafen. Ich bin wieder allein. Ich sage mir, Du hast mich geliebt. Ich habe Dich geliebt. Ich habe aus Dir eine Französin, einen französischen Star gemacht. Ja, dafür fühle ich mich verantwortlich. Und dieses Land, das Du wegen mir geliebt hast, ist auch Deine Heimat geworden. Frankreich. Nun, Wolfie hat entschieden – und Laurent sagte ihm auch, dass es Dein Wunsch gewesen sei –, dass Du hierbleibst und für immer auf französischem Boden bleiben wirst. In Boissy. Dort, wo in ein paar Tagen Dein Sohn David bei Dir sein wird. In einem kleinen Ort, wo Du gerade die Schlüssel für Dein Haus bekommen hast. Dort wolltest Du leben, ganz nah bei Laurent, bei Deiner Tochter Sarah. Dort wirst Du für immer schlafen. In Frankreich. Nah bei uns, nah bei mir.

Ich habe mich um Deine Reise nach Boissy gekümmert, um Laurent und Deine Familie zu entlasten. Aber ich werde weder in die Kirche noch zum Grab gehen. Wolfie und Laurent verstehen mich. Dich bitte ich, mir zu verzeihen … Du weißt, dass ich Dich nicht vor dieser lüsternen Menschenmenge, diesem »Spektakel«, vor dem Du immer Angst hattest, hätte bewahren können. Verzeih mir. Ich werde am nächsten Tag zu Dir kommen, und wir werden allein sein. Mein Püppchen, ich schau Dich immer wieder an, immer wieder. Ich will Dich mit meinen Blicken verschlingen und Dir immer wieder sagen, dass Du nie so schön und ruhig warst. Ruhe Dich aus. Ich bin da. Ich habe von Dir ein wenig Deutsch gelernt. Die Worte: Ich liebe Dich. Je t'aime. Je t'aime, mein Püppchen.

Alain

*

A. v. V. an X

Ein Inserat aus der »Zeit«, das sich selbst erklärt:

An meine sich selbst verwirklichende baldige Ex-Frau!

Meine Pantoffel gebe ich Dir hiermit zurück,
verzichte auf leise Sohlen, steige in Stiefel,
zermahle die Scherben,
welche Du in meinem Herzen hinterließt
und forme das Pulver zu neuen, schöneren Skulpturen.

A. v. V. (Frei nach Gabriele Ursula Hochstätter)

Thomas M.

»Zur Situation: Der Abschied von einer Frau, von der ich mich schon oft verabschiedete, aber immer wieder zu ihr zurückfand. Nach diesem noch nicht. Wir haben viel gemeinsam erlebt: eine kurze Beziehung, das Kämpfen um das Ende ihrer Ehe, philosophisch bis auf den Grund reichende Gespräche und Mails, nahe gemeinsame Stunden, großen Respekt füreinander, Freundschaft, das Streben nach einer Beziehung, Eifersucht …

Der folgende Abschiedsbrief wurde geschrieben, nachdem sie wieder eine Beziehung mit ihrem Ex-Ehemann einging, der sie in der Ehe geschlagen hatte.

In dieser Zeit ist auch ihr Vater verstorben.«

30. Oktober 2006

Liebe H.,

ich höre gerade »Spirit on the Water« von Bob Dylan. Ein wunderschönes Lied. Christoph Ransmayr spielte es vor Beginn seiner Lesung – »Der fliegende Berg« – im Burgtheater.

Herrlich. So entdeckte ich es.

Die Ruhe kommt langsam. Ich nehme sie mir, weil ich sie brauche. Mit ihr kommt auch das Offene, Ungeklärte, Nicht-Ausgesprochene. Ganz automatisch. Es holt mich ein, wird präsent und füllt meine Gedanken. Manchmal wehre ich mich, lasse es nicht zu, schiebe andere Dinge vor, sehne mich nach den unruhigen Zeiten. Aber es kommt wieder. Und das ist gut so: Denn es gehört geschlossen, geklärt und ausgesprochen.

So denke ich viel an uns. Wieso es so kommen musste? Ich versuche uns im Nachhinein zu verstehen. Nicht einmal das schaffe ich. Wieso wolltest du, dass ich zu seinem Konzert komme? Dein Verhalten vor meiner Abreise. Mein nicht bekennendes, zurückhaltendes Ich. Ich hätte doch einfach sagen können: Ich will nicht, dass du mit Leo zusammenkommst. Denn das schmerzt mich am meisten und hält mich auf Distanz.

Es schmerzt mich, weil ich es nicht bin. Wieder einmal irgendwer anders. Was fehlt? Aber auch, weil es wieder alles ändert. Und sage jetzt nicht, es ändert nichts. Das stimmt nicht. Du steckst wieder deine ganze Energie – was ich auch verstehe – in diese Beziehung, gehst seinen Weg und vernachlässigst deinen. Ich denke, dass du nicht studierst. Aber das sind deine Entscheidungen. Dein Leben. Was uns betrifft: Wir können unsere Freundschaft nicht pflegen. Du würdest es wieder heimlich tun, denke ich. Dich in Ausreden flüchten, wenn ich dich einmal treffen möchte ... Die Zufluchtsrolle, die ich am Ende eurer Ehe hatte, will ich nicht mehr. Ich hoffe, du verstehst mich. Sie tat mir weh. Ich lernte auch viel. Aber ich will sie nicht mehr. Das sind meine Entscheidungen. Ich will mir keine Gedanken darüber machen, wie er dich behandelt. Es versuchen zu verstehen. Es ist euer Leben.

Schade, dass du mir nicht aufrichtig von dir erzählt hast, sondern ich alles schön langsam selber entdecken musste – was mit Gefühlen gar nicht so leicht geht. Das Immer-an-die-Wand-Stoßen. In meiner Welt frage ich mich manchmal: Malst du dir auch aus, wie dein Leben in Wien ausgesehen hätte? Vielleicht unser Leben. Ich beginne zu phantasieren. Dabei schaffe ich es nicht, meine ganze Entwicklung neben dir zu zeigen. Ich bin unsicher und schwach. Was soll das? Es würde nicht funktionieren. Ich bin jetzt auch nicht einmal da, unterstütze dich gar nicht in deiner Trauer. Das tut mir wirklich leid, dass ich das nicht konnte. Ich schäme mich sehr dafür.

Ich hoffe, dein Leben ist gut. Das wünsche ich dir ehrlich, dass du das Gefühl hast, glücklich zu sein oder es zu werden. Deswegen akzeptiere ich deine Entscheidung. Das Streben nach dem Glück/der Liebe steht uns allen zu. Dir am meisten. Ich hoffe, du trägst viel Freude mit dir und die neue Arbeit macht Spaß, gibt Kraft und Sinn. Auf dass du zufrieden bist und dich auf einem geborgenen, sicheren Weg befindest.

Ja, ich bin es wieder einmal, der erklärt, was er denkt, dir auch alles Mögliche an den Kopf schmeißt – aus einem Gefühl, aus Zwang heraus. Entschuldige, es ist sicherlich nicht einfach, das aufzunehmen. Wozu? Ich weiß nicht einmal, wie es weitergehen soll, was ich möchte und was nicht. Vielleicht ist auch schon alles entschieden. Das ewige Kämpfen und Zwingen bringt doch auch nichts, das sich gegenseitige Enttäuschen, das Entgleiten.

Wäre nicht dieses wundervolle Verständnis füreinander, dieser unendliche Respekt, der doch über allem steht, dieses einzigartige Sich-so-gut-fühlen-Könnende, In-den-anderen-Hineinversetzen. Diese Geborgenheit.

In Liebe,
T

*

Ebi H.

»Ein Abschiedsbrief, in dem alles drinsteht und der keines weiteren Kommentars bedarf!«

20. Juli 2007

Liebe G.,

vor ein paar Tagen schrieb ich Dir noch, wie wohl mir Deine Briefe immer tun …

Doch so schnell kann sich das Blatt wenden …! Ich bin von Deinem letzten Schreiben mehr als irritiert und ratlos, weiß nicht, was ich dazu sagen soll, dass sich so plötzlich ein unerwarteter Zorn über mich ergießt. Natürlich ist mir Deine periodische Unlust an mir und dem, was ich schreibe, nicht entgangen, doch dazwischen schien es manchmal auch recht hoffnungsvolle Momente zu geben.

Mir scheint, wir sind jetzt in die Phase der Ernüchterung eingetreten. Auch mein Optimismus wird schwächer. Ich weiß nicht genau, womit ich Deinen – meiner Meinung nach übertrieben heftigen – Unmut erregt habe, jedenfalls begreife ich das ganze Theater nicht und bedauere es auch. In irgendeiner Weise scheine ich jedoch Deinen Vorstellungen und Erwartungen nicht entsprochen zu haben (und wohl auch niemals zu entsprechen!), und bevor wir uns damit länger herumquälen, sollten wir vielleicht den Briefwechsel besser ganz abbrechen, was mir zwar leid tut, … aber ich möchte Dir nicht noch mehr von meiner Wesensart und meinem Charakter zumuten, als es offenbar schon der Fall ist. Du bist ja nicht die Erste, die Unlust an mir empfindet, ich musste den Kontakt schon zu mehreren Menschen abbrechen, die an mir Anstoß nahmen. Insofern nichts Neues für mich, aber vielleicht auch normal, das geht wohl vielen so, dass Bekanntschaften kommen und gehen und andere bleiben. Und nicht alles passt eben zusammen. Irgendwie müssen die persönlichen Defekte ja auch miteinander harmonieren …!, sonst ist Hopfen und Malz an der Freundschaft verloren … ja, es ist die reinste verlorene Liebesmüh, wie man so schön sagt.

Ich sehe darin einfach nur die Unvereinbarkeit unserer Charaktere.

Auf keinen Fall werde ich je zurücknehmen, was ich Gutes über Deine Dichtung gesagt habe. Auch bist Du mir trotz aller Querelen, die mich immer wieder überraschten, lieb und wert. Doch mir scheint, Du arbeitest mit ganz anderer »Software« – wenn Du verstehst, was ich meine! Du funktionierst, Du »tickst« einfach anders als ich.

Deine Art ist auch keineswegs »trocken«, wie Du es selbst beschreibst, sondern für mich schlicht und einfach »vexierend«. – Trockenheit ist etwas ganz anderes … das halte ich aus! Aber immer wieder »vexiert« zu werden, ermüdet mich, zumal, wenn es immer dieselben Dinge sind, von denen man vexiert wird! Also wiederholt dieselbe, unerfüllbare Forderung zum Beispiel oder derselbe Ratschlag, als wartetest Du darauf, dass ich nun endlich tue, was Du sagst.

Aber es ist meiner Meinung nach einfach lächerlich, wenn Du mir zum Beispiel rätst, mir endlich irgendeine nette Schnecke in meiner Nachbarschaft anzulachen, und Du mir dann noch nicht einmal Zeit dazu lässt …! – Der Gipfel ist es, von mir zu erwarten, mir meine geliebte Freundin F. (nur weil sie so weit weg von mir wohnt und ich sie Deiner Meinung nach zu sehr »anschmachte«!) aus dem Kopf zu schlagen! Und Du rätst es ja nicht nur, sondern verlangst es geradezu auf der Stelle und bist dann von mir enttäuscht, dass ich keine »Fortschritte« mache, wie Du glaubst! – Hältst Du mich eigentlich für naiv?

Dann wird Dir zwar bewusst... (und ich sage jetzt mal ganz trocken: Das hatten wir eigentlich schon im Vorfeld abgeklärt! Ich dachte doch, dass ich das nicht immer wieder betonen muss! Dachte, das wäre längst schon klar... dass man einen anderen Menschen nicht ändern kann!), aber Du reagierst, als ob ich stockdumm und einfach unfähig sei, Deinem guten Rat zu folgen! (Auch ich kann durchaus trocken sein, wenn ich will!)

Um das einmal ganz unmissverständlich klarzustellen: Ich bin nicht Dein Schüler und werde es gewiss nie werden! Ich habe meinen eigenen Kopf und Du hast Deinen. Ich sehe mich auf gleicher Ebene mit Dir und nicht etwa darunter. Und einem solchen Rat zu folgen, wie Du ihn mir gibst, ist mir – nebenbei gesagt – tatsächlich unmöglich! Aber nicht, weil ich zu dumm dazu wäre, sondern weil ich dabei mit mir selbst in einen Konflikt geraten würde! Das solltest Du begreifen.

Ich erkenne jetzt die Inkompatibilität unserer sehr verschiedenen Programme und werfe mit einem weinenden und einem lachenden Auge das Handtuch, wie es Dich gewiss nicht sehr erstaunen wird. Ich habe großen Respekt vor Deiner Kunst, – aber glaubst Du nicht, dass Deine Sichtweise manchmal etwas zu eingeengt, zu »einäugig« ist? Darin steckt der Keim des Dogmas! Natürlich kann man über Geschmack (nicht) streiten... und ich attestiere Dir sogar einen vorzüglichen Geschmack! Doch es gibt auch andere Gattungen der Lyrik, die deshalb nicht schlecht sein müssen, nur weil sie nicht in Dein Programm passen. – Oder war es vielleicht nur Dein Ärger, der pure Neid, dass das Gedicht nicht an

Dich gerichtet war? Ich halte auch dies jetzt für möglich, doch hatte ich Dich eigentlich nicht für so engherzig und kleinlich gehalten!

Du hast Recht, es kommt nicht darauf an, wer etwas gemacht hat, sondern ob es gelungen ist. Bekanntheit, Ruhm sind kein Gradmesser. Aber sieh wenigstens ein, dass Dein persönlicher Geschmack nicht zum Absolutum erhoben werden kann. Jedes Dogma führt früher oder später zu Intoleranz und Blindheit, zum Tunnelblick!

Du siehst, ich habe eine ganze Menge an Dir zu bekritteln beziehungsweise auszusetzen, und trotzdem mag ich Dich! Wenn Du mich aber nicht so mögen kannst, wie ich bin, dann ist es wirklich besser, den Kontakt nicht weiter zu forcieren. Auch Deine Theorie über meine Klagen begreife ich absolut nicht ... als würde ich immerzu nur jammern! Das Leben hat auch schöne Seiten – weiß ich alles, ist auch meine Meinung! und ich habe mich auch sehr gefreut, Dich ein wenig kennengelernt zu haben, eine echte Dichterin, wie mir scheint! Dagegen ist mir unsere gemeinsame Freundin F. schon seit langem ein echter Sonnenstrahl ... Du solltest es mir nicht vorwerfen, sie in mein Herz geschlossen zu haben, schon gar nicht in der unreflektierten Form, dass ich sie mir »abschminken« kann ...! Dass sie verheiratet ist und aus verschiedenen Gründen nicht aus ihrer Haut kann, dieser Situation bin ich mir sehr bewusst. Aber was geht Dich das eigentlich an?

Ich hatte eigentlich vor, irgendwann im Sommer mich mit F. in M. zu treffen, vielleicht bei Dir, Dich mit ihr zusammen zu besuchen ... aber wie es jetzt aussieht, habe ich wenig Lust, in Deine Kreise einzutreten, denn ich muss mir ja wie Dein schlechter Schüler vorkommen (der ich keinesfalls bin und überhaupt nie sein werde! –

Übrigens möchte ich auch nie ein braver oder gelehriger Schüler von Dir sein!). Schlag Dir das aus dem Kopf, dass ich Dich unbedingt zu meiner Erleuchtung benötige! Ich komme auch so klar. Auch anderswo sind die Böden fruchtbar! (Ich sollte ein Gedicht draus machen!)

Na, das war's dann wohl, nehme ich mal an.

Mit dem allerhöchsten Respekt
und weiterhin freundlichen Gedanken

E.

*

René A.

»Diesen Abschiedsbrief habe ich nachträglich und explizit für dieses Buch verfasst. Und trotzdem ist er echt. Die Empfängerin soll ihn zusammen mit einem Exemplar des fertigen Buches bekommen.«

1. März 2007

Hallo Blume,

ich nehme an, du wunderst dich darüber, nach so langer Zeit einen Brief von mir zu erhalten.

Dabei ist dies wohl auch der letzte Brief, den ich an dich richte. In diesem Buch, in dem du ihn liest, geht es um Abschiede. Man suchte nach Briefen zum Thema, und mir gefiel die Idee, für dieses einen solchen an DICH zu verfassen. Auch um damit etwas loszulassen, das mich schon sehr lange beschäftigt. Zum Beispiel im Traum, wo ich dich gelegentlich treffe, ohne dir wirklich zu begegnen. Oder an einem Ort, wo die Erinnerung an ein gemeinsames Gefühl plötzlich emporsteigt und leider Trauer mit sich bringt. Denn, das alles sind nur ERINNERUNGEN an vorvorgestern. Souvenirs, die mich noch heute, in der Gegenwart als erwachsenen Menschen, in meiner Art zu denken und zu handeln beeinflussen.

Um dich zu beruhigen: ES GEHT NICHT DARUM, WER ODER WO DU HEUTE BIST, auch nicht um das Mädchen, das du warst, als wir uns begegneten, sondern um die junge Frau, die ich Jahre später verließ. Die erwachsene Frau, die du heute bist, lernte ich nie kennen. Es geht um die Erinnerung an deine Liebe, die Momente, in denen du mir etwas gabst, das sich trotz aller meiner oft seltsamen Bemühungen bisher nicht ersetzen ließ.

In meiner Erinnerung bist du jung und schön. Intelligent und stolz. In meiner Erinnerung umarme ich dich, rieche an deinem Haar und küsse dich auf die Stirn, in meiner Erinnerung liebe ich dich. Da ich nie wirklich eine andere Liebe hatte, ist es dir hoffentlich verständlich, dass manchmal, wenn ich mich in den letzten Jahren nach Nähe sehnte, irgendwann eventuell vor meinem inneren Auge dein Gesicht erschien. Vielleicht auch deine Hand mich berührte. Selten deine Stimme meinen Namen sagte. WIE EIN FLUCH, WAS EINST EIN SEGEN WAR. Dabei war damals die Entscheidung, unsere gemeinsame Zeit zu beenden, für mich eine Frage der inneren Aufrichtigkeit, DENN VON HEUTE AUF MORGEN HATTE ICH MICH IN JEMAND ANDERES VERLIEBT. Dachte ich. In Wirklichkeit war das aber nur eine Fassade, hinter die ich erst viel später blicken konnte. Ich entzündete ein Strohfeuer in mir, das nichts weiter bewirkte, als mich aufzuzehren. Ich steigerte meinen Einsatz ins Unermessliche, ohne jegliche Aussicht auf einen Gewinn, denn den hatte ich ja gerade verspielt. All diese wunderbar intensiven Gefühle, die ich geglaubt hatte zu spüren, versanken spurlos auf dem Grund des grauen Ozeans namens Alltag. Nachdem sich seine Wogen geglättet hatten, fühlte ich plötzlich etwas in mir, das ich vorher nicht gekannt hatte: SEHNSUCHT. Sehnsucht nach der Liebe, die mir einst bedingungslos geschenkt wurde. Ich bemerkte, dass nun dieses grenzenlose Urvertrauen einer von jeglichem tieferen Gefühl befreiten Nüchternheit Platz gemacht hatte.

Etwa in diesem Moment verstarb für mich die junge Frau, die ich geliebt hatte. Entehrt war sie bereits, denn andere hatten ihren Samen eingebracht und hatten ihren Körper berührt.

Bis zum ersten Eindringen eines anderen war sie auf besondere Weise ein HEILIGTUM gewesen. Etwas Reines, nur mir Zugängliches, nur von mir Berührtes.

Blieb mir nur noch zu ergründen, woran es gelegen hatte, dass es so weit kommen konnte.

Dafür brauchte ich etwa sechs Jahre. Irgendwann zwischen zwei einsamen Momenten wusste ich es: ICH HATTE ANGST GEHABT, VERLASSEN ZU WERDEN. Von dir. Angst, eines Tages von dir nicht mehr geliebt zu werden und daran zu zerbrechen. Es hatte Anzeichen dafür gegeben. Wir hatten uns bereits voneinander entfernt. Das, was nun die Aufgabe gewesen wäre, verlangte einen Willen, den ich damals nicht hätte aufbringen können. Ich dachte, Liebe gibt es an jeder Ecke, wenn man nur zugreift. Die Wirklichkeit sieht aber anders aus. Ich habe auch nach ihr gesucht, jedoch nichts Vergleichbares gefunden. Wenn, dann nur oberflächliches Geplänkel ohne Tiefe, kurzweilige Unterhaltung mit Option auf Verkehr, wie man so sagt. Irgendetwas Echtes kam leider nicht durch.

Je mehr Jahre mich von deiner Liebe trennten, umso mehr wurde das, was ich einst hatte, zum absoluten Ideal, das ich als strahlendes Bild am anderen Ende des Horizontes wähnte. Doch seit dieser andere dich irgendwo auf einem Foto gesehen, deine Telefonnummer erhalten und dich mit schönen Worten zu sich geholt hatte, warst du nicht mehr dieselbe. Die zwei oder drei Mal, als wir am Telefon miteinander sprachen, warst du mir fremd. Das eine Mal, als ich dich traf, warst du schon eine andere. Der Mensch, den ich kennen und lieben gelernt hatte, existierte nicht mehr. Das war so brutal, wie es normal ist. Es fällt nur schwer, es einfach hinzunehmen. Frauen, die mir später begegneten, konnten mir das, was ich von dir bekommen hatte, nicht geben. Sie wollten es nicht, waren gehemmt oder einfach nicht aufrichtig genug. Ich begann, mir einzureden, dass es nur an mir liegt. Dass nur ich es bin, der Probleme hat. Nicht die anderen. Dass nur in meiner Erinnerung alles schön und gut war. Ich suchte nach Gründen, die Erinnerung zu einem Bündel Probleme umzuformen, damit es leichter würde, zu vergessen. Aber es waren immer wieder meine eigenen Fehler, die mir einfielen. DER MOMENT, IN DEM ICH DICH GELEUGNET HATTE. Situationen, in denen ich versagt hatte. Unwiederbringlich verschenkte Chancen auf einen Beutel voller Glück. Mehrere Male wollte ich deine Briefe und die unzähligen Fotos, die ich einst von dir gemacht hatte, verbrennen. Aber jedes Mal, wenn ich sie hervorgeholt hatte, wollte ich nur ein letztes Mal einen Blick darauf werfen und versank doch ein ums andere Mal in ihnen. Ich konnte sie nicht vernichten. Sie waren Teil meiner Geschichte geworden, Teil meiner Persönlichkeit. Also versteckte ich sie im hintersten Winkel, in der letzten Ecke.

Aber die Bilder im Kopf kann man nicht verstecken. Die Träume kann man nicht abbestellen.

Die Sehnsucht nach Wärme lässt sich nicht einfach mit oberflächlichem Spaß bedecken.

Der einzige Trost, den ich habe, ist die Gewissheit, wenigstens einmal im Leben eine wahre Liebe erlebt zu haben. Wenigstens weiß ich, dass es sie gibt. Das gibt mir die Sicherheit zu wissen, wie sich das anfühlt, wenn man geliebt wird. Dafür danke ich dir. Das ist mehr, als manch anderer erfahren hat.

Heute versuche ich, Liebe in Alltäglichem zu finden. Den Menschen, die mir begegnen, Liebe zu schenken, ohne eine Gegenleistung einzufordern. Die Wärme selbst zu geben, anstatt auf sie zu hoffen. Das ist sehr schwer, aber auch die Erinnerung an dich gibt mir den Mut und die Gewissheit, dass es gut ist, so zu handeln. Und nicht anders. Sicherlich war das, was ich erlebt habe, nötig, um an diesen Punkt der Erkenntnis zu gelangen.Vielleicht wäre ich ohne dich niemals so weit gekommen. Wenn dem so ist, bin ich dir auch dafür aufrichtig dankbar.

Nun, nachdem ich dir alles Wichtige geschrieben habe, hoffe ich, mich davon ein Stück befreit zu haben. Vergessen kann ich nicht, wahrscheinlich will ich das auch nicht, denn auch wenn die Frau, die ich liebte, nicht mehr existiert, so bleibt ein Teil von ihr in mir lebendig, bleibt ein Teil meines Selbst.

Lebe wohl.

R

Friedrich Dürrenmatt an Max Frisch – aus: »Max Frisch / Friedrich Dürrenmatt, Briefwechsel«, hg. von Peter Rüedi. Diogenes, Zürich 1998.

Oskar Lafontaine an Gerhard Schröder – aus: Joachim Hoell, »Oskar Lafontaine. Provokation und Politik. Eine Biografie«. Lehrbach, Braunschweig 2004.

Jürgen E. Schrempp an die Mitarbeiterinnen und Mitarbeiter von DaimlerChrysler – aus: Jürgen Grässlin, »Das Daimler-Desaster. Vom Vorzeigekonzern zum Sanierungsfall?«. Droemer, München 2005.

Robert Stephenson Smyth Baden-Powell an die Pfadfinderinnen und Pfadfinder – aus: Walter Hansen, »Das große Pfadfinderbuch«. C. Ueberreuter, Wien 1996.

Stefan Zweig an Friderike Maria Zweig; Stefan Zweig: Declaracão – aus: »Stefan Zweig, Briefe 1932–1942«, hg. von Knut Beck und Jeffrey B. Berlin. S. Fischer, Frankfurt a. M. 2005.

Hidir Aslan an seinen Bruder – aus: »Ein Mensch weniger. Ein Lesebuch gegen die Todesstrafe«. amnesty international, Sektion der Bundesrepublik Deutschland e. V., Bonn 1989.

Kim Malte-Bruun an seine Freundin – aus: »Du hast mich heimgesucht bei Nacht. Abschiedsbriefe und Aufzeichnungen des Widerstands 1933–1945«, hg. von Helmut Gollwitzer, Kathe Kuhn und Reinhold Schneider. Kaiser, München 1954.

Alexander Schmorell an seine Eltern und seine Schwester – aus: Ebd.

Walter Benjamin an Theodor W. Adorno – aus: »Gesammelte Briefe 1910–1940. Band VI«, hg. von Christoph Gödde und Henri Lonitz. Suhrkamp, Frankfurt a. M. 2000.

Erich Maria Remarque an Marlene Dietrich – aus: »Sag mir, dass Du mich liebst ...«, hg. von Werner Fuld und Thomas Schneider. Kiepenheuer & Witsch, Köln 2001.

Lew Tolstoi an seine Frau – aus: Viktor Schklowski, »Leo Tolstoi. Eine Biografie«. Europaverlag, Wien 1981.

Edgar Allan Poe an Annie Richmond – aus dem Englischen von Katharina Ochsner-Moser.

Eugene O'Neill an Agnes Boulton – aus dem Englischen von Katharina Ochsner-Moser, mit freundlicher Genehmigung von Maura und Kerry Jones.
F. Scott Fitzgerald an Zelda S. Fitzgerald – aus: »F. Scott und Zelda Fitzgerald, Lover! Briefe«, hg. von Cathy W. Barks und Jackson R. Bryer. Deutsche Verlags-Anstalt, München 2004.
Fernando Pessoa an Ophélia Queiroz – aus dem Portugiesischen von Erdmute Wenzel White.
Charles Baudelaire an Madame Sabatier – aus: »Charles Baudelaire. Sämtliche Werke und Briefe. Band III«, hg. und kommentiert von Friedhelm Kemp und Claude Pichois in Zusammenarbeit mit Wolfgang Drost. Hanser, München 1975.
Alain Delon an Romy Schneider – mit freundlicher Genehmigung von Alain Delon.

 Alle Briefe wurden behutsam den Regeln der neuesten deutschen Rechtschreibung angepasst.